Hans Witte

Raum und Zeit im Lichte der neueren Physik

Hans Witte

Raum und Zeit im Lichte der neueren Physik

ISBN/EAN: 9783955623098

Auflage: 1

Erscheinungsjahr: 2013

Erscheinungsort: Bremen, Deutschland

bremen
university
press

Raum und Zeit

im Lichte der neueren Physik

Eine allgemeinverständliche Entwicklung des raumzeitlichen
Relativitätsgedankens bis zum Relativitätsprinzip

Dr. Hans Witte

Oberlehrer am Herzoglichen Gymnasium zu Wolfenbüttel
Privatdozent für Physik an der Herzoglichen Technischen Hochschule
zu Braunschweig

DRUCK UND VERLAG VON FRIEDR. VIEWEG & SOHN

BRAUNSCHWEIG 1914

Diese Arbeit wurde gedruckt, während ich im Felde stand. Herr Professor Dr. H. Geitel hatte die große Freundlichkeit, die Korrekturen zu lesen. Ich danke ihm herzlich dafür.

Marburg (Lahn), Universitäts-Augenklinik,
*   im November 1914.*

H. Witte.

Inhaltsverzeichnis.

Einleitung.

§ 1. Gegenstand.

Viele Zweifel, Fragen und Probleme stellen sich dem menschlichen Geiste entgegen auf dem immer wieder begonnenen und noch nie zu Ende gegangenen Wege zu einer Anschauung vom Ganzen der Welt; wenige mit solcher Dringlichkeit wie die große Doppelfrage nach dem Wesen von Raum und Zeit.

Denn für uns Menschen existiert nichts Körperliches und — soweit unsere Erkenntnis reicht — auch nichts Geistiges ohne Raum und Zeit.

Im Raume und in der Zeit spielt sich alles ab, was in unserer realen Außenwelt wirklich „ist" oder „existiert", alles Sein und alles Beharren, aller Wechsel und alle Veränderung, alles Werden und alles Vergehen; aber auch die volle Welt unseres Innenlebens, jedes Denken, jedes Fühlen und jedes Wollen, insgesamt alle bewußten und unbewußten Zustände, Tätigkeiten, oder wie man es sonst nennen mag, unseres „Geistes" oder unserer „Seele" sind für uns immer und überall nur gegeben in irgend welchen Beziehungen zu Raum und Zeit: Raum und Zeit sind wesentlichste, innerste Grundbestandteile der Wirklichkeit, so wie wir Menschen (und alle Geister, die wir begreifen, wahrscheinlich auch) dieselbe wahrnehmen und erkennen; die Frage nach dem Wesen von Raum und Zeit ist eins der allerwichtigsten Grundprobleme der Weltanschauung.

Das haben, mit wachsender Weite des physischen und geistigen Horizonts, sämtliche Kulturvölker der Erde erkannt. Ihre Philosophen haben Antworten gesucht und gegeben, so gut sie es vermochten; Dichter deren Gedanken — manchmal tiefere hinzufügend — niedergelegt in menschlich-unvergänglicher Form; der gebildete Laie hat sich seine Meinung zurechtgemacht, so gut es eben ging.

Ab und an hat auch die exakte Wissenschaft Teilantworten auf die große Doppelfrage geliefert; was sie gesprochen hat, ist geblieben, denn es betraf das Wesen der Sache.

So war es vor vier Jahrhunderten, als des Kopernikus neue Raumtheorie eine Welt aus den Angeln hob. So ist es heute wieder, da das „Relativitätsprinzip" kraftvoll auf den Plan tritt mit wieder neuen Lehren über den Raum und mit geradezu unerhörten, eine völlige Umstellung unserer ganzen Weltauffassung fordernden Behauptungen über das Wesen der Zeit.

Die Entwickelung, die zu diesem Relativitätsprinzip geführt hat und das Prinzip selber weiteren Kreisen durchaus allgemeinverständlich darzustellen, ist das Ziel der vorliegenden Arbeit.

§ 2. Darstellungsweise.

Dem steht entgegen, daß das Relativitätsprinzip nach Form und Inhalt den verstiegensten Höhen der dem Laien ohnehin außerordentlich schwer zugänglichen Wissenschaft der mathematischen Physik angehört.

Versucht man es ohne die mathematische Form, so gibt man das wesentlichste und vornehmste Darstellungsmittel auf. Ohne die mathematische Ausdrucksweise, insbesondere ohne die mathematischen Gleichungen und Formeln ist es unendlich viel schwieriger, dem Leser das eigentliche Wesen der neuen Gedanken zu übermitteln, ihn mit einem Blick die zwingende Entwickelung, das feste Gefüge und den inneren Zusammenhang erkennen zu lassen:

> Wie ein Tritt tausend Fäden regt,
> Die Schifflein hinüber herüber schießen,
> Die Fäden sich begegnend fließen,
> Ein Schlag tausend Verbindungen schlägt ...

Leider aber ist das Verständnis für diese (die wichtigste) Seite der Mathematik und ihre sichere Handhabung noch immer nicht integrierender Bestandteil der heutigen Bildung; man steht auch rein gefühlsmäßig den weltdurchdringenden und weltbedeutenden mathematischen Zauberformeln noch immer nicht allgemein mit demjenigem Empfinden gegenüber, das allein ihrem Wesen entspricht:

> ... War es ein Gott, der diese Zeichen schrieb? ...

Vielmehr muß hier und da auch heute noch eher mit gegenteiligen Gefühlen gerechnet werden. So ist die Annahme berechtigt, eine mathematikfreie Darstellung sei erwünschter. Deshalb will ich mathematische Ausdrücke, Gleichungen, Formeln, Rechnungen in dieser Arbeit gänzlich vermeiden.

§ 3. Mechanisches Modell.

Allerdings steigt dadurch, wie gesagt, die Schwierigkeit, den eigentlichen Zusammenhang der geschichtlichen Entwickelung und insbesondere den Inhalt des Relativitätsprinzips selber mit seiner grundstürzenden Raum- und Zeittheorie auch nur einigermaßen exakt zu übermitteln, ganz außerordentlich.

Ich würde es nicht unternehmen, diese schwierige Aufgabe zu lösen, wenn ich nicht in der Lage wäre, ein besonderes Hilfsmittel für den letzten, schwierigsten Teil der Darstellung heranzuziehen.

Vor einigen Jahren habe ich ein mechanisches Modell zur Veranschaulichung des Relativitätsprinzips ausgedacht und für einen Vortrag im Braunschweiger Verein für Naturwissenschaft, sowie für meine Vorlesungen an der Herzoglichen Technischen Hochschule zu Braunschweig anfertigen lassen. Das Modell hat sich insbesondere auch für allerelementarste, keinerlei Fachkenntnisse voraussetzende und nur in ganz kleinen Schritten vorwärtsgehende Darstellungsweise bewährt. Diesen Apparat werde ich dem schwierigen Schlußteil der Auseinandersetzungen zugrunde legen. Die Darstellung vollzieht sich dann in der Weise, daß die verwickelten, exakt nur durch mathematische Formeln wiedergebbaren Tatsachen, Gesetze und Zusammenhänge ersetzt werden durch die anschaulichen, leicht verständlichen, übersichtlichen Eigenschaften und Angaben des mechanischen Modells.

§ 4.

Freilich macht eine solche vereinfachende Darstellungsweise ein gewisses Schematisieren nötig. Das Schematisieren muß um der Allgemeinverständlichkeit willen sogar noch weiter gehen: Trotz der durch das Modell gewährleisteten sicht- und greifbaren Veranschaulichung der Probleme würde dennoch der leitende Grundgedanke und die Stufenfolge der wesentlichen Fortschritte nicht genügend allgemeinverständlich herausspringen, wenn ich nicht außerdem in der ganzen Darstellung durch absichtliches

Verstärken der Hauptrichtlinien, durch Vereinfachen der geschichtlichen Entwickelung usw. entschieden auf diese Wirkung hinarbeiten wollte.

Vielleicht wird, wer diesen Aufsatz liest, ohne weiteres Anwendung eines solchen Verfahrens voraussetzen; um Mißverständnissen vorzubeugen, hebe ich das indessen hier ausdrücklich hervor.

Zweiter Abschnitt.

Vorläufiger Umriß des Relativitätsgedankens.

§ 5.

Wenn man in eine neue wissenschaftliche Theorie eindringen will, ist es vorteilhaft, den Zielpunkt ungefähr zu kennen. Man ist dann sicher, nie die Hauptrichtung aus den Augen zu verlieren, man wertet von vornherein alle Einzelzüge, so, wie sie nach und nach hinzutreten, richtig in ihrer Bedeutung für das Ganze, man braucht nicht, wenn man auf der letzten Seite ankommt, den ganzen Aufsatz noch einmal von vorn durchzulesen, um ihn nun erst richtig zu verstehen. Deshalb schicke ich der geschichtlichen Darstellung einen vorläufigen Umriß des raumzeitlichen Relativitätsgedankens voraus.

§ 6.

Das große Doppelproblem Raum und Zeit hat im Laufe der wissenschaftlichen Entwickelung naturgemäß eine lange Reihe von einzelnen Fragen und Zweifeln hervortreten lassen. So bei der Zeit z. B. die Überlegung, in welchen äußeren und inneren Tatsachen die psychologische Wurzel der Zeitvorstellung liegt. Beim Raum z. B. die Frage nach einer etwaigen inneren Krümmung des Raumes als solchen, ferner das hochinteressante Problem der mehrdimensionalen Räume, und noch manche andere Einzelfragen verschiedener Art. Schließlich und vor allem noch eine äußerst wichtige Gruppe von Problemen, die Raum und Zeit zugleich betreffen; man denke nur etwa an das bekannte Dilemma: sind Raum und Zeit unendlich, oder sind sie begrenzt? Oder an die besonders von den Philosophen lebhaft umstrittene Frage,

wie man Raum und Zeit in erkenntnistheoretischer und psycho-
logischer Beziehung eigentlich nennen müßte (nämlich Dinge
oder Begriffe oder Abstraktionen oder Anschauungsformen oder
sonst noch irgendwie anders: wir haben in § 1 die neutrale Bezeichnung Wirklichkeitsbestandteile gewählt, der Name hat für
uns nur sekundäre Bedeutung).

§ 7.

Es gibt über alle diese Einzelfragen hinaus eine Frage von
ganz zentraler, abschließender Bedeutung, die bemerkenswerter-
weise über all dem Detail der Einzelfragen bis in die allerneueste
Zeit hinein kaum als Problem, geschweige denn als letzte ab-
schließende Alternative empfunden und bewertet worden ist.

Mochten über die ganze Reihe der Einzelprobleme, sowohl
bei den Fachgelehrten, wie in den weiteren Kreisen der Gebil-
deten, so verschiedene Vorstellungen und Lösungsgedanken gehegt
werden wie nur irgend möglich, in einem Punkte war man und
sind wir alle bis auf den heutigen Tag — ehrliche und gewissen-
hafte Selbstprüfung vorausgesetzt — im letzten Grunde einig
gewesen: Wir alle[1]) haben rückhaltlos den Raum sowohl wie die
Zeit bisher im Rahmen unserer Wirklichkeit für etwas durchaus
Eindeutig-festliegend-absolutes gehalten.

§ 8. Die absolute Zeit.

Das heißt: Natürlich wußte, um mit der Zeit zu beginnen,
ein jeder von uns sehr wohl, daß die Zeit, so wie wir sie messen,
konventionelle Elemente enthält. Die Zeiteinheiten (Jahr, Tag)
beruhen auf Verabredung, die Unterteilungen (z. B. Monat, Sekunde)
erst recht, und verschiedene andere Einzelheiten mehr (z. B. die
sogenannte Nullpunktfestsetzung, d. h. die Bestimmung, wann es
auf einem bestimmten Punkt der Erde, etwa Wolfenbüttel, 12 Uhr
mittags sein soll). Aber das ist ja alles nicht „Die Zeit". Keiner
von uns hat im geringsten bezweifelt — und die Wissenschaft
hat das auch nicht getan — daß die willkürlichen Elemente in
der Zeitmessung eben nur unsere subjektiven Zutaten sind, von
denen „Die Zeit" als solche selbstverständlich nicht im geringsten
berührt werden konnte. Diese selber war für uns alle, wenn wir

---

[1]) Auch Kant.

es recht deutlich ausdrücken wollen, das eine unabhängige, unbeeinflußte Etwas hinter dem Ablauf der Welt, das immer und ewig seinen ruhigen, gleichmäßigen Gang weiter geht, unbeirrt durch den bunten Wechsel der Erscheinungen; eben dasjenige, was wir mit den zwei kurzen Worten bezeichnen: „Die Zeit".

§ 9. Der absolute Raum.

Ganz genau so ist es mit dem Raume gewesen. Auch hier war uns selbstverständlich wohl bewußt, daß unsere Wahrnehmung oder Messung räumlicher Verhältnisse willkürliche Elemente enthält. Schon der konventionelle Charakter der Maßeinheiten zeigte das deutlich, andere Gesichtspunkte kamen hinzu. Aber alles das betraf wieder nicht den Raum selber. Dieser „Der Raum" stand hinter dem allen wieder dahinter, als das eine feste, unverrückbare Etwas, populär ausgedrückt gewissermaßen als der fest gegebene leere Behälter, in welchem die ganze bunte, vielgestaltige Welt der Erscheinungen enthalten war, in welchem sie sich, dem zeitlichen Ablauf folgend, bewegte und veränderte, löste und durchschlang.

§ 10.

Es muß besonders hervorgehoben werden, daß, genau wie „Die Zeit", so auch „Der Raum" keineswegs etwa nur ein Bestandteil der populären Weltauffassung gewesen ist. Im Gegenteil hat, zusammen mit dem Zeitbegriff, gerade der Begriff des Raumes die unentbehrliche Grundlage auch des wissenschaftlichen Weltbildes geliefert, so wie sich dasselbe mit dem Erwachen des naturwissenschaftlich-mathematischen Geistes in allseitiger Vervollkommnung herausgebildet hat.

Dies im einzelnen zu entwickeln, ist nachher Hauptgegenstand unserer geschichtlichen Darstellung. Der ausdrückliche Hinweis schon an dieser Stelle war nötig, weil unklare philosophische Lehren, wie: es sei nicht festzustellen, ob sich die Sonne um die Erde drehe oder die Erde um die Sonne, nebst übereilten Folgerungen leider bis in physikalische Lehrbücher eingedrungen sind.

§ 11.

So war für uns alle dies eine ein unbezweifelbares, durch die Wissenschaft selber gebotenes Fundamentalurteil über den Charakter von Raum und Zeit: Raum und Zeit sind etwas Absolutes, sie sind eben „Der Raum" und „Die Zeit".

Gerade in dieser einzigartigen, absoluten Stellung von Raum und Zeit lag ja auch ein besonderer Grund für die Wertung des Raumes und der Zeit als Fundamentalbestandteile unserer Weltanschauung.

Es ist eine bekannte Tatsache, daß die Wissenschaft im Laufe der geschichtlichen Entwickelung eine überaus große Menge von Dingen, Tatsachen und Beziehungen, die der ursprüngliche naive Menschenverstand für etwas Unveränderlich-fest-absolutes hält, „relativiert" hatte. D. h. sie hatte bei einer großen und immer länger werdenden Reihe von einzelnen, scheinbar über jene willkürliche Auffassung erhabenen Bestandteilen unserer Wirklichkeit nachgewiesen, daß sie subjektive Elemente enthalten. Wir denken dabei keineswegs an die bekannten, mehr philosophischen Fragen, z. B. ob schön und häßlich absolute, im Wesen der Wirklichkeit selber liegende Werte sind oder nicht, vielmehr lediglich an die exaktwissenschaftlichen Fragen selber. Man hat oft ausgesprochen, daß der Relativismus in einer geradezu verheerenden Weise in die anscheinend so absoluten Bereiche der wissenschaftlichen Erfahrung eingebrochen ist. Vollständige große Gebiete der exakten Naturwissenschaft zeigen sich außerordentlich mit subjektiven Elementen durchsetzt. Man denke nur an Begriffe, wie warm und kalt, leicht und schwer, hell und dunkel usw. Ja, sogar die Materie selber, nicht nur ihre äußere sinnliche Erscheinung, ist von dem Relativitätsgedanken angegriffen worden. Der Kenner weiß sehr wohl, wie ganz allmählich im Laufe der geschichtlichen Entwickelung selbst dieser scheinbar unentbehrliche Begriff des Stoffes vielfach als mit subjektiven Elementen belastet in Zweifel gezogen worden ist.

Aber eins, das stand bisher unerschüttert und unverändert, wo vieles, vielleicht alles, wankte: Das war eben „Der Raum" und „Die Zeit". Mochte das ganze Bild der Welt, wie der menschliche Geist es nachschaffend in den Raum und die Zeit hineinzeichnet, in keiner denkbaren Form von subjektiven, relativistischen Elementen frei sein; dies eine Absolute blieb — etwas Absolutes mußte man ja auch, so meinte man wohl instinktiv, eigentlich haben, um überhaupt ein objektiv richtiges Weltbild zeichnen zu können.

Es gibt eine höchst prägnante Formulierung, in der man diese Fundamentalüberzeugung zum Ausdruck brachte, nämlich den bekannten Ausspruch: Alles könne man sich zur Not aus der Welt wegdenken, alles Licht, alle Farbe, jeden Ton, jeden Duft, Wärme und Kälte, ja, wenn es sein müßte, alle Bewegung, alle Kraft, schließlich sogar den Stoff, den Träger alles Wirklichen selber, nur eins könne man auf ganz und gar keine Weise eliminieren, das bleibe immer, nämlich: „Der Raum" und „Die Zeit".

§ 12. Der Relativitätsgedanke.

Das ist, in nuce, der absolute Raum und die absolute Zeit in ihrer Wertschätzung als wesentlichste, über allen Subjektivismus und Relativismus hoch erhabene „absolute" Grundelemente der Wirklichkeit.

Diese anscheinend so gesicherte, anscheinend so unentbehrliche, „absolute" Fundamentalauffassung von Raum und Zeit ist es, die das Relativitätsprinzip angreift.

Das Relativitätsprinzip behauptet: Auch für Raum und Zeit, die letzten untersten Grundbestandteile der Wirklichkeit, ist das Urteil „absolut" keineswegs eine Selbstverständlichkeit. Die Antwort „absolut" ist nur die eine Lösung der großen Alternative, die ebenso wie für alles, was sich in Raum und Zeit abspielt, so auch für Raum und Zeit selber aufgeworfen werden muß, nämlich der Alternative: Absolut oder relativ? Und zwar ist absolut auch hier die falsche Lösung; auch hier heißt die richtige Lösung „relativ".

Auch „Der Raum" und „Die Zeit" sind nur provisorische, der Wirklichkeit nicht entsprechende subjektive Hilfsbegriffe eines unhaltbaren Weltbildes. In Wirklichkeit existieren „Der Raum" und „Die Zeit" im absoluten Sinne nicht. Auch Raum und Zeit sind Standpunktssachen. Es gibt in Wirklichkeit nur eine unendliche Schar von relativen, gleichberechtigten, aber untereinander sämtlich verschiedenen Standpunkts-Räumen und -Zeiten.

§ 13. Einteilung.

Die geschichtliche Entwickelung verläuft in mehreren Etappen. Unser Ziel, das Relativitätsprinzip, ist nicht die erste und einzige Verkörperung des raumzeitlichen Relativitätsgedankens.

Wie schon erwähnt, enthalten ja Raum und Zeit, wie wir sie gewöhnlich darstellen und auffassen, einige konventionelle Elemente. Für das Verständnis der weiteren Entwickelung sind wir genötigt, dieselben zusammenzustellen. Wir nennen sie nach derjenigen Art von räumlicher Gleichwertigkeit, die dabei besonders hervortritt, „Lagenrelativität".

Darauf folgt eine Vorstufe, die dem eigentlichen modernen Relativitätsprinzip geschichtlich vorhergegangen ist, das sogenannte „Relativitätsprinzip der klassischen Mechanik".

Schließlich als letztes Ziel das neue Relativitätsprinzip selber, kurz „das Relativitätsprinzip".

So entstehen drei Teile, der erste kurz, der zweite länger, der dritte am längsten.

Davor und dazwischen schieben sich die Abschnitte: Absoluter Raum und Zeit I, II und III, von denen der erste die wissenschaftliche Begründung der absoluten Raum- und Zeitvorstellung wiedergibt, der zweite, nach Erledigung der Lagenrelativität, den absoluten Raum und die absolute Zeit schärfer präzisiert, der dritte, hinter dem mechanischen Relativitätsprinzip, eingehend die letzte Form derselben absoluten Raum- und Zeitvorstellung ausmalt, von der dann der steile Aufstieg zum neuen Relativitätsprinzip als Universalgesetz der ganzen Natur erfolgt.

Dritter Abschnitt.

Absoluter Raum und absolute Zeit I.

§ 14.

Daß der absolute Raum und die absolute Zeit dem bisherigen wissenschaftlichen Weltbilde zugrunde gelegen haben, ist erörtert worden. Dagegen noch nicht, was dieser ihr wissenschaftlicher Begriff gewesen ist, und worauf er sich gründet.

Zur besseren Verständigung wollen wir die üblichen Veranschaulichungsmittel benutzen.

§ 15. Veranschaulichungsmittel für Räume.

Irgend welche „Räume" veranschaulicht man in der Physik it einem Hilfsmittel, das denjenigen geschlossenen Räumen ent-

lehnt ist, in denen wir uns täglich aufhalten, nämlich Zi
von der gewöhnlichen rechteckigen Form.

Wenn man den Raum eines Zimmers möglichst vollständig
übersehen will, stellt man am besten einen Stuhl in eine freie
Ecke und setzt sich darauf. Dann bezeichnen die drei Kanten,
die von der Zimmerecke ausgehen, die drei räumlichen Haupt-
richtungen, Länge, Breite, Höhe. Liegt die Ecke im Inneren des
Hauses, so hat in der Regel jede der drei aufeinander senkrechten
Raumlinien in anderen Räumen des Hauses ihre rückwärtige Verlängerung. Dadurch entsteht ein dreifaches Kreuz von drei beliebig verlängerbaren, sich in einem Punkte senkrecht schneidenden
Linien (vgl. Fig. 1). Das Kreuz heißt Koordinatensystem oder

Fig. 1.   Fig. 2.

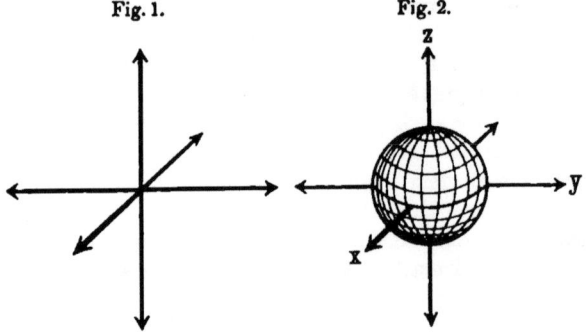

kurz „System", die drei Linien Raumachsen oder Koordinatenachsen oder einfach Achsen, der gemeinsame Schnittpunkt Raum-
Nullpunkt oder Koordinaten-Anfangspunkt.

§ 16. Fragestellung für den Raum.

So veranschaulicht man den „Raum der Erde" durch drei
ebensolche aufeinander senkrechte Achsen, die durch die Erde,
wie Stricknadeln durch ein Garnknäuel, hindurchgesteckt, und
wieder beliebig verlängerbar zu denken sind. Die eine (z) mag
von Norden nach Süden gehen, dann liegen die beiden anderen
(x und y) in der Ebene des Äquatorkreises (Fig. 2).

Weshalb ist dieser „Systemraum" der Erde nicht „Der Raum"?

Machen wir uns zunächst klar, daß es unendlich viele „Systemräume" sind, die mit der Erde um den Anspruch, „Der Raum"
zu sein, im Wettbewerb stehen.

—   —

Genau wie durch die Erde, kann man durch jeden anderen
Weltkörper ein Koordinatenkreuz hindurchgesteckt denken und
ihm dadurch seinen „Systemraum" anschaulich zuordnen. Alle
diese Systemräume drängen und schieben, drehen und schlingen
sich dann in den verschiedensten Bewegungen durcheinander;
jeder Systemraum ist ein anderer als der andere; abgesehen von
dem seltenen Ausnahmefall, daß irgend zwei Himmelskörper einmal kurze Zeit genau den gleichen Bewegungszustand haben, also
ihre Systemräume solange eine Einheit bilden, gehört zu jedem
Himmelskörper ein eigener, nur ihm zukommender Systemraum.
Ins Unendliche wächst die Anzahl dieser Systemräume, wenn man
erwägt, daß die beobachteten Sternbewegungen nur einen Aus-
schnitt aus allen möglichen Sternbewegungen darstellen. Man
kann sich schlechthin unendlich viele Koordinatensysteme in
unendlich vielen verschiedenen Bahnen mit unendlich vielfach
abgestuften und veränderlichen Geschwindigkeiten durcheinander
hindurch bewegt denken und von ebenso unendlich vielen Systemräumen sprechen.

Weshalb gibt es unendlich viele „Systemräume", aber
einen „Raum"?

§ 17.   Ie Naturgesetze.

Mit der Antwort beginnen wir wieder bei der Erde.

Wenn die Wissenschaft nichts weiter könnte, als die gegenseitigen Bewegungen beschreiben, dann hätte sie niemals den
alten, vorkopernikanischen Standpunkt überwunden: Der Systemraum der Erde sei der Raum. Denn vom reinen Gegenseitigkeits-
standpunkte ist es ganz gleichgültig, ob sich die Sonne um die
Erde oder die Erde um die Sonne dreht.

Aber die Wissenschaft leistet mehr. Sie erforscht auch die
„Kräfte" der Natur und geht von da über zu den Natur-„Gesetzen". Diese Naturgesetze — und nur sie — sind es, die
zum absoluten Raumurteil führen.

Im Systemraum der Erde sind die Naturgesetze nicht
erfüllt ⊥ das ist der wissenschaftliche Grund dafür, dem Erdraum den Charakter „des Raumes" abzusprechen.

Der absolute Raum ist der Raum der Naturgesetze. In
allen den unendlich vielen anderen sich gleich der Erde bewegenden
und drehenden Systemräumen gelten genau wie im Erdraum die

Naturgesetze nicht: diese Einsicht spricht allen den anderen Systemen den Charakter des absoluten Raumes gleichfalls ab und erkennt ihm nur dem einen, „Dem Raume" zu.

§ 18.

Beweise für die Nichterfülltheit der Naturgesetze auf der Erde gibt es heute eine ganze Menge.

Es ist üblich, als Beleg besonders das einfachste aller Naturgesetze heranzuziehen, nämlich das Trägheitsgesetz (Inertialgesetz, inertia = Trägheit).

Das Trägheitsgesetz ist deshalb das allereinfachste Naturgesetz, weil es aussagt, was geschieht, wenn auf einen Körper gar keine Kräfte einwirken. Es lautet bekanntlich: Der Körper beschreibt, solange er nicht von Kräften beeinflußt wird, eine „Inertialbewegung", d. h. er bewegt sich in gerader Linie und legt in gleichen Zeiten gleiche Strecken zurück (wenn er im besonderen Falle „ruht", so bleibt er „ruhend", vgl. über diese Ausdrücke § 22).

Das Trägheitsgesetz ist in der Tat auf der Erde, oder i Systemraum der Erde, nicht erfüllt.

Gälte das Trägheitsgesetz auf der Erde, so müßte z. B. ein frei aufgehängtes schwingendes Pendel auf der Erde immer in derselben „irdischen" Richtung schwingen; tatsächlich tut es das nicht, es „richtet" sich nach einem anderen Etwas (eben „Dem Raum"), die Erde dreht sich unter ihm in 24 Stunden einmal herum: Foucaultsches Pendel.

Daß das Trägheitsgesetz für Vorgänge, die sich über kleine Strecken und kurze Zeiten ausdehnen, auch auf der Erde annähernd stimmt, ist eine Sache für sich.

Würde sich die Erde schneller drehen, so wäre der Foucaulteffekt in viel kleineren Zeiten zu bemerken, wie jeder Versuch auf dem Karussell oder mit der Zentrifugalmaschine beweist.

§ 19. Der absolute Raum.

Das ist also das Kriterium für die Entscheidung der Frage: „Raum" im absoluten Sinne des Wortes oder nur „Systemraum"? Es heißt kurz: Sind die Naturgesetze erfüllt oder nicht?

Auf diesem Wege ist die Wissenschaft dazu gekommen, dem Erdsystem den Charakter des Raumes zu nehmen; gleichzeitig

büßte alles, was sonst die Sonne umkreist, an Planeten und
Kometen usw., erst recht die Untertrabanten der einzelnen Körper,
für sein System den Anspruch auf den Raum ein. Denselben
Weg ist die Wissenschaft weiter gegangen, sie hat auch den
Systemraum der Sonne nicht als „den Raum" anerkannt, sondern
ihn ebenfalls für „im Raume bewegt" erklären müssen; das gleiche
Urteil mußte sie fällen für alle Systemräume, die der Sonne gleich
stehen. Jedoch ist dann bald, in erreichbarer Ferne, diejenige
Grenze gekommen, welche das Erfülltsein der Naturgesetze bringt
und damit den „absoluten Raum" festlegt. Sie wird durch ein
Wort gekennzeichnet, das uns modernen Menschen zum mindesten
in diesem Zusammenhang etwas merkwürdig klingt: Die Grenze
ist der Himmel; der Himmel ist der absolute Raum.

Nämlich der sogenannte Fixsternhimmel. Und das ist so zu
verstehen. Man weiß ja sehr wohl, daß die einzelnen Glieder dieses
Ganzen fast unübersehbar vielgestaltig zusammengesetzten Sternen-
heeres sich mannigfach, in den verschiedensten Richtungen und
mit den denkbar verschiedensten Geschwindigkeiten gegen und um-
einander bewegen. Aber man muß den Fixsternhimmel als Ganzes
ins Auge fassen. Bewegung und Ruhe eines Ganzen ist ja immer
und überall etwas anderes als Bewegung und Ruhe der einzelnen
Teile. Man denke nur an sich selber, wenn man geht: die Bewegung
des ganzen Körpers ist annähernd gleichmäßig nach vorn, davon
weichen aber durchaus ab die Einzelbewegungen der Arme und Beine.

Bekanntlich läßt sich in solchen Fällen, einer wissenschaft-
lichen Ausdrucksweise folgend, für die Bewegung oder Ruhe des
Ganzen auch die Bewegung oder Ruhe des Schwerpunktes oder
Massenmittelpunktes substituieren. Indessen empfiehlt sich diese
Ersetzung, wenn man anschaulich bleiben will, nicht. Besser
denkt man sich das Ganze von einer großen, alle Teile ein-
schließenden geometrischen Hüllfläche, z. B. einer sehr großen
Hohlkugel, eingeschlossen. In diesem Sinne spricht man von dem
Fixsternhimmel als Ganzes.

In diesem Fixsternhimmel gelten also, so lautet das Ergebnis
der Wissenschaft, die Naturgesetze exakt. Oder, wenn wir mit
diesem Himmel ein Koordinatenkreuz „fest verbinden", d. h. mitten
in ihn hineinstellen: dieses „absolute Koordinatensystem" ist dasjenige eine gesuchte, dessen Raum nicht ein bloßer Systemraum
ist, sondern „der Raum" selbst, der „absolute Raum".

§ 20.

Es war oben von unwissenschaftlichen, „metaphysischen"
Trübungen die Rede, welchen der wissenschaftliche Begriff des
absoluten Raumes ausgesetzt gewesen sei.

Die Koordinatenraum-Veranschaulichung erlaubt, das innerste
Wesen jener Irrtümer bloßzulegen. Es handelt sich um die Behauptung, daß eigentlich alle Bewegungen gleichwertig seien; d. h.
alle diejenigen Räume, welche wir als bloße subjektive „Systemräume" erkannt haben, werden unserem „absoluten Raum" gleich-
gesetzt. Man sieht, bei dieser Behauptung handelt es sich einfach
um ein Ignorieren der wissenschaftlichen Tatsachen: tatsächlich
sind die Naturgesetze in den Systemen wie Erde usw. nicht
erfüllt, deshalb muß man diesen „Systemräumen" die Gleichwertigkeit mit dem „absoluten Raume" des Fixsternhimmels ab-
sprechen.

§ 21.

Es liegt aber hier noch ein Tieferes in Rede und Gegenrede
verborgen.

In einer anderen — durchaus anderen, von den Metaphy-
sikern selber nicht gemeinten und nicht aufgestellten — Formulierung läßt sich allerdings die Lehre von einer Unerkennbarkeit
eines gewissen Bewegungszustandes verstehen: Wenn man unseren
„Raum" als Ganzes ins Auge faßt — etwa anschaulich wieder
eingewickelt in die große Kugelhülle — dann kann man allerdings nicht entscheiden, ob und wie etwa dieser „Der Raum" als
Ganzes sich wieder „bewegt"[1]).

Aber diese Frage ist überhaupt ohne Sinn; denn ihr Aufstellen beruht auf einer Grenzüberschreitung. Solange unser Raum
bis zu den Sternen reicht, die jetzt die letzten direkt oder indirekt
wahrnehmbaren sind, ist da die räumliche Grenze unseres Wissens;
erweitert sich das Wissen, so rückt die Grenze weiter hinaus;
aber die Grenze bleibt.

Die Wissenschaft bezieht sich nur aufs Endliche; denn menschliche Vorstellungskraft reicht überall nicht über Endliches hinaus.

---

[1]) Diejenige physikalisch-philosophische Schule, deren Anhänger sich
die Positivisten nennen, legt auf diesen Umstand einen außerordentlichen
Wert und bezeichnet daraufhin auch die absolute Raum- und Zeitauffassung als „relativistisch", was zu vielen Mißverständnissen Anlaß gegeben hat.

Wollen sich die Metaphysiker in diesem Sinne einer Grenzüberschreitung in Phantasien über die Bewegung unseres „absoluten" Raumes als Ganzen ergeben, so mögen sie das tun und
in diesem Sinne ruhig von der Gleichberechtigung, richtiger
Ununterscheidbarkeit, irgend welcher Bewegungszustände des Raum-
ganzen reden; sie sind da in einem Gebiet, auf dem sie von jeher
am besten zu Hause gewesen sind, nämlich dem Reden über Dinge,
die des Sinnes entbehren.

§ 22. Begriff der Ruhe.

Die klare Abgrenzung gegen die begrifflich doch unerreich-
bare Unendlichkeit findet ihren abschließenden Ausdruck in der
üblichen Verwendung des Begriffs der „Ruhe".

Ein Körper, der auf der bewegten Erde usw. usw. ruht, ruht
in Wirklichkeit, im Raume, nicht; es sei denn, daß die Erde usw.
infolge Sichaufhebens ihrer Bewegung mit den übergeordneten
Bewegungen einmal ihrerseits kürzere oder längere Zeit im absoluten Raume ruhte.

Ein Körper „ruht", wenn er im absoluten Raume (oder „i
absoluten Koordinatensystem") ruht.

Im gleichen Sinne sagt man: der absolute Raum selber „ruht",
oder: das absolute Koordinatensystem ist „in Ruhe".

§ 23. Eine erkenntnistheoretische Anmerkung

ist hier am Platze. Es geht aus dem Vorigen klar hervor, wie
der Begriff des Raumes erstens durch ganz schrittweises Aufsteigen aus der Erfahrung, zweitens in ausdrücklicher Beschrän-
kung auf Endliches, und drittens auch nicht ohne eine gewisse
Abstraktion gewonnen wird (z. B. bei dem Begriff des Fixsternhimmels „als Ganzen").

Dieses Abstrahieren mag vielleicht dem kritischen Gemüte
bedenklich erscheinen.

Doch liegt gerade die Notwendigkeit des Abstrahierens wieder
im innersten Wesen aller Wissenschaft. Gerade indem wir von
den Ungeordnetheiten des uns zunächst umgebenden Materials
aufsteigen zu Gesetzmäßigkeiten, die das Rohmaterial nur verhüllt
zeigt, gerade auf diesem Wege allein dürfen wir ja hoffen, zu
Ergebnissen zu gelangen, die wirklich „absolut", „losgelöst" von
zufälligen Bedingtheiten sind.

§ 24. Die absolute Zeit.

Gerade diesen selben Aufstieg vom ungenauen Rohbefunde zur gesetzmäßigen Begriffsbildung zeigt auch der Begriff der „absoluten Zeit", dessen Begründung wir noch schuldig sind. Wir können uns hier kürzer fassen. Der wissenschaftliche Begriff der Zeit beginnt bei den, gleiche Vorgänge benutzenden Meßinstrumenten, läutert sich an den von zufälligen Störungen bedeutend freieren regelmäßigen Bewegungen der Gestirne und steigt so zu innerlich derselben Vorstellung des gleichmäßig dahinfließenden Etwas auf, die wir schon oben als gleichzeitig populäre und wissenschaftliche Anschauung festgelegt haben.

Wesentliche Hindernisse hat hier, bei der Zeit, die Aufwärtsentwickelung des Begriffes nicht erfahren.

Als Veranschaulichungsmittel für „die Zeit" genüge vorläufig eine große Uhr, die Weltenuhr, die etwa im Nullpunkt des absoluten Koordinatensystems aufgestellt ist und, gleichmäßig weiterlaufend, „die Zeit" anzeigt.

Vierter Abschnitt.

Lagenrelativität.

§ 25.

Wie eingangs auseinandergesetzt, sind wir jetzt genötigt, sorgfältig diejenigen konventionellen bzw. subjektiven Elemente zusammenzustellen, die bereits unserer bisherigen absoluten Raum- und Zeitvorstellung angehört haben.

Wir tun das in einer scharfen Gliederung in vier Teile. Diese Gliederung wird in den ganzen folgenden Entwickelungen immer wieder hervortreten.

§ 26. Relativität der räumlichen Richtung und des Raum-Nullpunktes.

Im täglichen Leben unterscheidet man die drei räumlichen Richtungen:

1. vorwärts — rückwärts,
2. links — rechts,
3. oben — unten.

Daß Nr. 1 und 2 nur Standpunktsäußerungen sind, erfährt der Mensch von jeher schon als Kind; für Nr. 3 ist die Relativität erst durch die bejahende Lösung der Antipodenfrage (bzw. der Kugelgestalt unserer Erde) entschieden worden.

Wenn wir daher oben (§ 19) übereingekommen sind, den absoluten Raum durch ein „Koordinatenkreuz" zu veranschaulichen, so tritt dazu die Relativitätserkenntnis: die Richtung der drei aufeinander senkrechten Kreuzachsen im Verhältnis zum „Fixsternhimmel" ist willkurlich; das Kreuz kann in jede beliebige

Fig. 3.

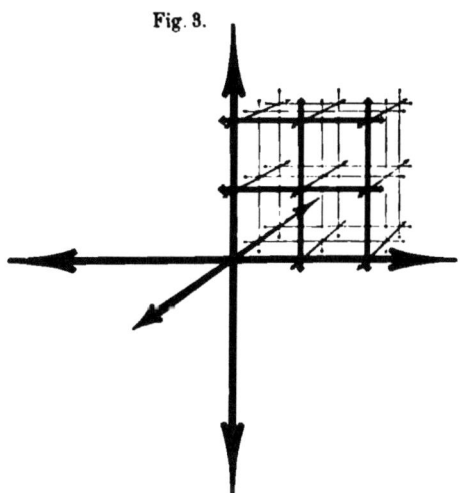

andere Lage hineingedreht, in dieser festgehalten und so als Normalkreuz angesehen werden.

Man kann auch den Koordinaten-Anfangspunkt — und damit das ganze Achsensystem selber — um beliebige Stücke von der ursprünglich angenommenen Lage aus verschoben und dort festgelegt denken. Die Lage des Nullpunktes hat also, genau wie die Richtung der Achsen, keine absolute Bedeutung.

Entgegenstehende Lehren gab es vor und nach Kopernikus. So die Ansicht, Sonne oder Erde sei die Mitte des Weltalls, oder die altchristliche: Jerusalem Mittelpunkt der Welt.

Einen Mittelpunkt der Welt gibt es nach den Kenntnissen der heutigen Physik nicht.

Zur Veranschaulichung kann man das ursprüngliche Raum-Koordinatensystem (mit willkürlicher Achsenrichtung) zu einem

— 18 —

Raumgerüst erweitern, indem man von jeder der acht inneren
Ecken aus ein ideales Gestell von lauter gleich großen Würfeln

Fig. 4.

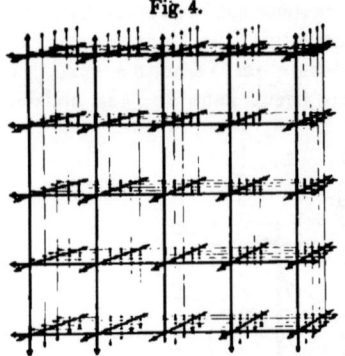

netzartig angebaut denkt bis
ins Unendliche (vgl. Fig. 3 u.
4; bei der letzteren ist auf eine
bessere Tiefenwirkung ver-
zichtet worden, um möglichst
viele einzelne Kreuzungspunkte
zu zeigen).

Dann entstehen unendlich
viele neue Kreuzungspunkte
und Kreuze, das ursprüngliche
Kreuz geht in diesen unter-
schiedslos auf. Man kann sich
das ursprüngliche Kreuz an
jeden anderen Kreuzungspunkt verlegt denken, natürlich auch
überall zwischenein (vgl. § 27).

Wegen der Richtungsrelativität kann das ganze Gerüst in
jede andere Richtung gedreht und so festgehalten werden.

Die Veranschaulichung ist nicht zu unterschätzen, im Grunde
denken wir uns alle so den „Raum"; d. h. unsere abstrakte Raum-
vorstellung findet in dieser Veranschaulichung ihr zutreffendes
Abbild. Auch wer den Raum nur für eine Zutat zu den Dingen
hält, stellt sich, „den Raum selber", wenn er anschaulich sein
will, so vor.

§ 27. Relativität des Raummaßstabes.

Schließlich ist auch die Maßstabgröße für den Raum relativ.
Das Raumgerüst des vorigen Paragraphen wird sich ein jeder
zunächst nach einer der ihm geläufigen Maßeinheiten aufgebaut
denken, etwa Zentimeter oder Meter; indessen sind diese alle
„anthropomorph", eine absolut bindende Einheit gibt es nicht.

Das Raumgerüst ist also von willkürlichem Grundmaß.

§ 28. Relativität der zeitlichen Richtung und Relativität des Zeitnullpunktes.

Dem Raumgerüst mit seinen drei Ausdehnungen entspricht
die bekannte Darstellung der Zeit durch eine mit gleichweit ab-
stehenden Marken belegte gerade Linie (vgl. Fig. 5.)

Da es demnach nur eine Zeitachse gibt, gegenüber den drei das Koordinatenkreuz bildenden Raumachsen, fällt die Möglichkeit der Drehung in andere Lagen und damit die Richtungsrelativität bei der Zeit fort.

Dagegen steht heutzutage vollkommen unbezweifelt fest, daß der Nullpunkt der Zeitrechnung ein völlig willkürlicher ist.

Fig. 5.

Kein Punkt der unendlich langen Zeitlinie ist vor den anderen innerlich bevorzugt; man kann die Linie mit den Zeitmarken beliebig in ihrer Richtung verschoben denken, genau wie das Raumachsenkreuz im Raumgerüst.

Entgegenstehende Anschauungen waren z. B. alle Lehren von einem „Anfang der Welt".

§ 29. Relativität des Zeitmaßstabes.

Schließlich gehört noch zu den gesicherten Lagenrelativitätserkenntnissen die Relativität des zeitlichen Maßstabes, also die Einsicht, daß die Sprossenleiter für die Zeit von willkürlichem Grundmaße ist.

Fünfter Abschnitt.

Absoluter Raum und absolute Zeit II.

§ 30.

Die im vorigen zusammengestellten relativistischen Einschränkungen:

1. Nullpunkts- und Richtungsrelativität des Raumes,
2. Maßstabsrelativität des Raumes,
3. Nullpunktsrelativität der Zeit,
4. Maßstabsrelativität der Zeit

sind uns Menschen des 20. Jahrhunderts, wie gesagt, keineswegs neu. Wir haben sie mehr oder weniger stillschweigend schon längst in unser Bild von dem absoluten Raum und der absoluten Zeit aufgenommen. Die lagenrelativistischen Einzelzüge beeinträchtigten unser absolutistisches Gesamtbild nicht, sondern vervollständigten dasselbe erst, indem sie die „anthropomorphen" Zutaten, oben-unten usw. als solche erkennen ließen.

Es ist uns daher jetzt auch möglich, die eigentlichen „absoluten" Eigenschaften des absoluten Raumes und der absoluten Zeit schärfer zu bestimmen und damit diejenige Grundlage genau festzulegen, von der aus dann der Aufstieg zu unserem modernen Relativitätsprinzip erfolgt.

§ 31. Die absolute Raumeigenschaft R I.

Als Veranschaulichung für den Raum haben wir das im ruhenden Fixsternhimmel in irgend einer beliebig gewählten Orientierung festgelagerte Raumgerüst kennen gelernt, oder einfacher das Koordinaten-Achsenkreuz, das wir uns mit seinem Nullpunkt an irgend einer Stelle des unendlich ausgedehnten Gerüstes festgelegt denken konnten (§ 26).

Standpunktssache oder „relativ" waren dabei zunächst Achsenrichtung und Nullpunktslage. Jedoch liegt auf der Hand: hat man eine bestimmte Achsenrichtung gewählt und sich für eine bestimmte Nullpunktslage entschieden, hat man also mit einem Worte ein bestimmtes Koordinatenkreuz als Raumveranschaulichung herausgegriffen, dann muß man bei diesem Koordinatensystem bleiben; man kann nicht zu irgend einer späteren Zeit ein anderes der unendlich vielen Achsenkreuze und zu einer noch späteren Zeit wieder ein anderes für „den Raum" erklären wollen, man darf, kurz gesagt, dasjenige Kreuz, welches den Raum bedeuten soll, nicht an irgendwelche andere Stellen des Raumgerüstes bewegt denken. Das Kreuz muß mit seinem Nullpunkt fest liegen bleiben und ebenso müssen die drei Koordinatenachsen immer dieselbe Richtung beibehalten wie anfangs festgelegt.

Nur ein solches festes Koordinatenkreuz kann das darstellen, was das Koordinatenkreuz darstellen soll, nämlich „Den Raum". Ein Kreuz, welches sich in irgend einer (geraden oder krummen) Richtung bewegt, oder dessen Achsen sich gar drehen, ist nicht identisch mit „Dem Raum"; es kann nur eine Bewegung im Raume illustrieren, aber nicht den ruhenden Raum selbst. Der Raum selber kann sich ganz selbstverständlich nicht bewegen, sonst wäre er ja nicht „Der Raum".

Das ist die erste wesentliche Eigenschaft des absoluten Raumes. Wir wollen sie kurz mit R I bezeichnen.

§ 32. Die absolute Raumeigenschaft R II.

Auch die relativistische Einschränkung des § 27 (Raummaßstab)
hat ein absolutistisches Gegenstück.

Gewiß ist die Raumeinheit, also etwa das Grundmaß unseres
Raumgerüstes, willkürlich. Wenn aber das Raumgerüst einmal
festgelegt ist, so muß es überall und jederzeit gleiche Weite der
Maschen behalten; eine Maschenverengerung oder -erweiterung
würde nur eine Zusammenziehung oder Ausdehnung eines körperlichen Gebildes im Raume bedeuten können. Der Raum selber
kann sich ganz selbstverständlich weder im ganzen noch an einzelnen Stellen ausdehnen oder zusammenziehen, sonst wäre er
eben nicht „Der Raum".

Diese zweite absolutistische Grundeigenschaft des Raumes soll
R II heißen.

§ 33. Die absolute Zeiteigenschaft Z I.

Den räumlichen Eigenschaften R I und R II entsprechen zwei
zeitliche Z I und Z II.

Die Eigenschaft Z I ist die absolutistische Ergänzung zur
Relativität des Zeitnullpunktes. Gewiß kann man den Nullpunkt
festlegen, wie man will; aber so wie er einmal, d. h. hier natürlich an einem Orte, festgelegt ist, gilt er allgemein, d. h. für alle
Orte.

Auf den ersten Blick erscheint diese Formulierung vielleicht
unerwartet. Doch ist sie gerade so das genaue Gegenstück zu R I.
Dort hieß es: der räumliche Nullpunkt bleibt, einmal festgelegt,
derselbe für alle Zeiten; hier: der zeitliche Nullpunkt muß derselbe sein für alle Orte.

Machen wir uns die eigentliche Bedeutung wieder an einer
Veranschaulichung klar. Wir wollen uns den Raum wie oben als
Raumgerüst und darin die Zeit durch Uhren dargestellt denken,
die etwa in jedem Knotenpunkt des Raumgerüstes angebracht
sind (vgl. Fig. 6; diese Zeitveranschaulichung ist für später fest-
zuhalten).

Dann sagt Z I: alle diese Uhren müssen, wenn sie „Die Zeit"
selber bedeuten sollen, in demselben Augenblick auch wirklich
alle dieselbe Zeit zeigen.

Es genügt dabei die Forderung für einen Augenblick (Zeit-nullpunkt, im Bilde etwa „zwölf Uhr") auszusprechen; für alle übrigen, späteren und früheren, Zeiten wird die gleiche Einstellung dann durch die sogleich zu besprechende Bedingung Z II gewährleistet.

Die Bedingung Z I selber ist uns im Grunde so außerordentlich selbstverständlich, daß wir uns ihrer kaum bewußt werden Es ist aber eine ganz eigentümliche Sache mit dieser Selbstverständlichkeit. Wir selber, auf der Erde, rechnen tatsächlich gerade mit örtlich verschiedenen Zeiten (mitteleuropäische Zeit usw.).

Fig. 6.

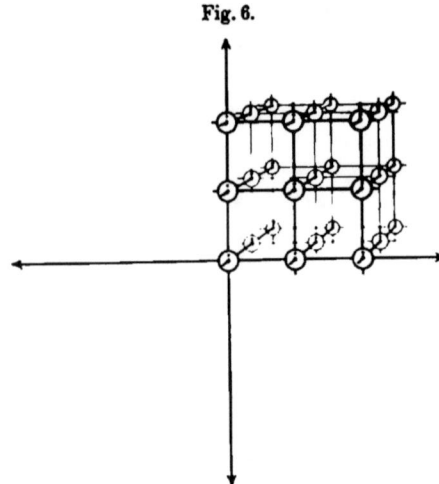

Wir betrachten es eben ohne weiteres als in der Natur der Sache selber liegend, daß alle diese „Ortszeiten" nur subjektive Zutaten (nämlich eben willkürliche Zeitnullpunkts-festlegungen) sind, daß aber die wirkliche Zeit, hinter dem allen hin-fließend, für alle Orte in jedem Augenblick dieselbe ist. In diesem Sinne sagen wir ja z. B.: wenn es in Berlin 12 Uhr mittags ist, dann ist es in New York 6 Uhr morgens. Die Verschiedenheit der Zeitangaben 12 und 6 Uhr ist das Relative, die tatsächliche Identität des „Augenblickes" oder „Zeitpunktes" das Absolute.

Es liegt aber darin wirklich eine besondere Tatsache, ein besonderer Einzelzug des bisherigen wissenschaftlichen Weltbildes, der Form nach durchaus entsprechend der Eigenschaft R I, nach welcher der Raumnullpunkt zu allen Zeiten derselbe sein muß.

Zusammengefaßt: die im Raumgerüst verteilten Uhren müssen in demselben Augenblick (Zeitnullpunkt) dasselbe zeigen; zeigt eine Uhr etwas anderes, so ist diese Uhr eine subjektive Standpunktsuhr, aber nicht „Die Zeit".

§ 34. Ie absolute Zeiteigenschaft Z II.

Schließlich müssen wir als zweite absolutistische Grundeigenschaft der Zeit, wieder im Einklange mit dem bisherigen wissenschaftlichen Weltbilde, die folgende aufstellen.

Gewiß ist der Zeitmaßstab relativ. Aber so wie er einmal festgelegt gedacht wird, bleibt er fest für alle Orte und alle Zeiten. Die Zeit (die Uhren im Raumgerüst) läuft überall und immer gleich schnell; täte sie das nicht (täte eine der Uhren das nicht), so wäre sie eben nicht „Die Zeit".

Das Relativitätsprinzip der älteren Mechanik.

§ 35. Überblick.

Dem eigentlichen modernen Relativitätsprinzip, welches die vier absoluten Raum- und Zeitvoraussetzungen R I, R II, Z I, Z II allesamt aufhebt, geht, wie gesagt, geschichtlich ein Vorbote voraus, welcher nur die absolute Eigenschaft R I bis zu einem gewissen Grade in Zweifel zieht: „Das Relativitätsprinzip der älteren Mechanik", kurz „Das alte Relativitätsprinzip" genannt.

§ 36. Mechanik.

Mechanische Vorgänge sind alle diejenigen Naturvorgänge, die man mit Sicherheit und vollständig als „stoffliche" Vorgänge auffassen kann. Das ist bekanntlich ungefähr die Hälfte der ganzen Physik: Nicht nur, was man im Altertum dazu rechnete, Gleichgewichts- und Bewegungserscheinungen unter dem Einfluß der Schwerkraft und anderer leicht verfolgbaren Naturkräfte, sondern auch das ganze Gebiet des Schalles, ein großer Teil der Wärmeerscheinungen, sowie mit dem letzteren vereint bis zu einem gewissen Grade überhaupt die Vorgänge in der untermikroskopischen Materie (Bewegungs- und Gleichgewichtszustände der Moleküle und Atome).

Die Gesetze der Mechanik sind insbesondere durch Archimedes, Galilei, Newton und neuere Physiker festgestellt worden.

§ 37. Das mechanische Relativitätsprinzip.

Wir haben oben (§ 18) gehört, auf der Erde gelten die Naturgesetze exakt nicht, weil die Erde sich dreht; diese Aussage gilt für die ganze Physik, bezieht sich also auch im besonderen auf die Mechanik.

Exakte Geltung der Naturgesetze kommt, das war der Grundgedanke unserer bisherigen Raum- und Zeitauffassung, nur dem absoluten Raume (Fixsternhimmel) und der zugehörigen absoluten Zeit zu.

Rufen wir uns wieder die Vorstellungen der Paragraphen 15 bis 19 ins Gedächtnis; also außer dem ruhenden Raume, veranschaulicht durch das ruhende Koordinatensystem, die unendliche Menge der Systemräume, nach allen Richtungen des Raumes, in allen möglichen Geschwindigkeiten bewegt, bald schneller, bald langsamer, bald gerade, bald krummlinig laufend, mit gleichmäßig gehaltenen oder auch beliebig gedrehten Achsen. Bisher wurde vom Beispiel der Erde, der Sonne usw. verallgemeinernd angenommen, daß keins aller dieser bewegten Systeme dem absoluten Raume gleichwertig sein könnte. Das mechanische Relativitätsprinzip behauptet: Es gibt doch — wenigstens für die mechanische Hälfte der Natur — eine unendliche Anzahl bewegter Systeme, die dem ursprünglich angenommenen und allein für richtig gehaltenen System, dem absoluten Ruhesystem, gleichwertig sind.

§ 38. Die Inertialsysteme.

Denken wir uns das ursprüngliche Ruhesystem S mit den Achsen xyz hingezeichnet (vgl. Fig. 7); außerdem ein zweites im Raume bewegtes System S' mit den Achsen $x'y'z'$. Die Fig. 7 zeigt das zweite System in irgend einer Lage, die willkürlich herausgegriffen wird, die punktierte Linie soll den Weg anzeigen, den der Koordinatenanfangspunkt O' im Raume zurücklegt[1]).

Wenn sich das zweite System S' dreht, gelten in der Tat in ihm die Naturgesetze nicht; ebensowenig, wenn das zweite System auf seinem Wege krumme Linien beschreibt, beschleunigt oder verzögert wird.

---

[1]) Ein Strich an den Buchstaben (S', x', y', z', O') bedeutet immer „bewegtes System“, Fehlen des Striches (S, x, y, z, O) „Ruhesystem“ oder „absolutes System“.

Diese Arten von Bewegungen sind aber nicht alle. Es gibt außerdem noch eine besondere Klasse von Bewegungen, eben Bewegungen ohne Drehungen und ohne Beschleunigungen oder Verzögerungen: geradlinig-gleichförmige Bewegungen (vgl. Fig. 8, § 43).

Wie der Leser sich erinnert, ist das gerade diejenige große Gruppe von Bewegungen, deren wir oben bei der Betrachtung des

Fig. 7.

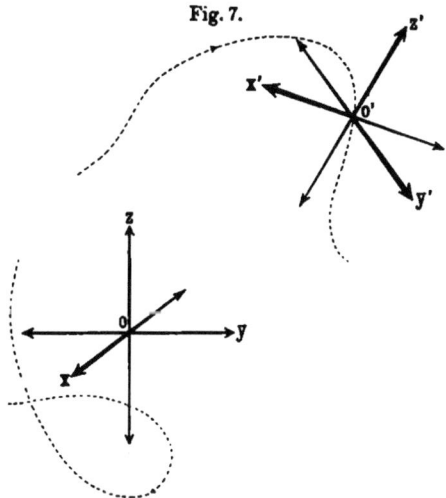

Trägheitsgesetzes gedacht haben (§ 18). Geradlinig-gleichförmig bewegt sich im Raume jeder Körper, der frei von Kräften ist, also seiner eigenen Trägheit folgen kann. Die gleichförmig-geradlinigen Bewegungen sind die „Inertialbewegungen". Diese Inertialbewegungen sind es nun, die auch bei den Koordinatensystemen die besondere ausgezeichnete Gruppe bilden. In der ganzen mechanischen Hälfte der Natur gelten nicht nur im absoluten Raume die Naturgesetze exakt, sondern auch in jedem System, welches eine Inertialbewegung ausführt.

§ 39.

In der anschaulicheren Form: die mechanischen Experimente fallen in einem geradlinig-gleichförmig bewegten System genau so aus, wie wenn es ruhte, ist uns allen diese Tatsache wohl bekannt; so sehr wohl bekannt, daß ihre Merkwürdigkeit, sowie die sich daraus ergebenden Folgerungen für den Raum meist übersehen werden.

Wir haben die Bestätigung dieser Tatsache täglich unter Händen, erfahren sie täglich am eigenen Leibe, wie an der uns umgebenden Natur.

Unsere Erde ist allerdings in Wirklichkeit kein Inertialsystem; das durch die Erde nach Art des Garnknäuels hindurchgesteckte Koordinatenkreuz erfährt ja bei exakter Betrachtung gerade diejenigen Drehungen usw., die dazu führen, der Erde den Charakter des absoluten Raumes abzusprechen. Aber diese Wirkungen machen sich erst nach längeren Zeiten oder bei Beobachtung über große Strecken (Passatwinde) bemerkbar. Für kleine Zeiten, z. B. einige Sekunden, und kleine Strecken ist, wie schon in § 18 gelegentlich herangezogen wurde, Drehung und Beschleunigung ganz geringfügig, praktisch völlig verschwindend. Praktisch ist die Bahn der ganzen Erde und auch die Bahn jedes einzelnen Stückes der Erdoberfläche für kurze Zeiten eine gerade Linie und die Geschwindigkeit gleichmäßig. Der Betrag dieser Geschwindigkeit ist aber außerordentlich groß, nämlich durchschnittlich mindestens 30 km pro Sekunde (Erde um Sonne). Wir stellen also alle unsere Beobachtungen und Experimente auf einem rasend schnell durch den Raum hinsausenden System an — und nun zeigt sich: Alle mechanischen Experimente, bei denen es sich um so kurze Vorgänge handelt, daß die Rotations- usw. Einflüsse unbemerkbar bleiben, also nur die geradlinige Geschwindigkeit von etwa 30 km pro Sekunde in Betracht kommt, fallen haarscharf genau ebenso aus, als ob die Erde ruhte.

§ 40.

Zum Beleg nur einige wenige Beispiele. Vor allem die reichhaltige Gesamtheit der Fall- und Wurfbewegungen. Unter dem Stein, den ich senkrecht in die Höhe werfe und der vielleicht zwei Sekunden in der Luft bleibt, bewegt sich nicht etwa die Erde ihre 60 km weg, sondern er fällt genau zu meinen Füßen wieder auf den Erdboden nieder. (Maßgebend ist dafür natürlich nicht etwa der ganz unbedeutende Einfluß der Luft; der Versuch fällt genau so aus, wenn die Luft weggepumpt wird; maßgebend ist nur der Bewegungszustand der Erde. Würde sich die Erdbahn

während der zwei Sekunden merklich krümmen, so würden wir
eine Abweichung feststellen, so aber kommt nur die reine geradlinige Geschwindigkeit von etwa 30 km als derjenige Faktor in
Betracht, von dem man an und für sich einen Einfluß, und zwar
einen ganz kräftigen Einfluß, erwarten müßte.) Ebenso der Blei-
stift, der von meinem Pulte fällt; er fliegt nicht etwa gegen die
der Erdbewegung abgekehrte Zimmerwand, sondern fällt ruhig
senkrecht auf den Fußboden, er weiß auch nicht das geringste
von der rasenden Geschwindigkeit, die unsere Erde selber hat.
Jeder geschleuderte Gegenstand, jedes Geschoß legt genau dieselben Bahnen zurück, die es beschreiben würde, wenn die Erde
ruhte usw. usw. Das Vorhandensein der Fortschreitungsgeschwindig-
keit von durchschnittlich 30 km pro Sekunde tritt nicht durch die
Hemmung oder Förderung der Vorgänge in Erscheinung.

Ganz bekannt sind die folgenden Bestätigungen: Bewegen
sich auf der Erde neue Systeme wieder gegenüber dem Erdboden
geradlinig-gleichförmig, so sind das mit derselben Annäherung
während kleiner Zeiten wieder beinahe echte Inertialsysteme. Es
fallen daher hier die Experimente wieder mit großer Annäherung
ebenso aus, als ob das neue System ruhte. Die Erfahrungen, die
ein jeder im Eisenbahnzuge usw. macht, sind schlagende Beispiele.
Wenn der Wagen genau in gerader Linie und genau mit gleicher
Geschwindigkeit fährt, fällt jeder Gegenstand, den man losläßt, im
Wagen genau senkrecht herunter, das Wasser im Glase steht
genau wagerecht und auch sonst verhalten sich alle mechanischen
Vorgänge genau so, als ob der Wagen ruhte. Zum Beispiel klingen
die Musikinstrumente im Wagen für die Insassen genau nach Tonhöhe und Klangfarbe ebenso wie auf dem festen Erdboden.

Oder als letztes anschaulichstes Beispiel auch hier wieder
das Trägheitsgesetz: Wie schon vorher für den festen Erdboden
ausgesprochen, so bewegt sich auch im gleichförmig-geradlinig
fahrenden Eisenbahnwagen die gestoßene Kugel auf wagerechter
glatter Unterlage mit größter Annäherung gleichförmig-geradlinig;
jeder im Wagen ruhende Gegenstand bleibt ruhend.

§ 41.

Diese genaue Übereinstimmung der mechanischen Naturgesetze
gilt also für alle geradlinig-gleichförmig bewegten Systeme; auch
der Grund läßt sich übrigens unschwer verstehen.

Zunächst beim Trägheitsgesetz als dem Schulbeispiel. Das Trägheitsgesetz besagt: gegenüber dem absoluten Raume bewegt sich ein kräftefreier Körper geradlinig-gleichförmig: es ist klar, daß derselbe kräftefreie Körper auch von jedem anderen Inertialsystem aus betrachtet, eine gerade Linie beschreibt und weder beschleunigt noch verzögert erscheint. Denn das Wesen eines Inertialsystems beruht ja gerade darauf, daß es sich seinerseits gegenüber dem absoluten Raume selber geradlinig bewegt und seine eigene Geschwindigkeit weder vermehrt noch vermindert. Daher kann ein Insasse eines Inertialsystems unmöglich einem Körper, der sich selber geradlinig-gleichförmig bewegt, eine ungleichmäßige Geschwindigkeit oder eine Bahnkrümmung zuschreiben (einfaches Beispiel: ein beim Rangieren abgestoßener, der reinen Trägheit folgender Eisenbahnwagen werde erstens vom festen Erdboden, zweitens von einem gegenüber der Erde selber gleichförmig geradlinig fahrenden Zuge aus beurteilt; die Insassen dieses Zuges können unmöglich den Eindruck haben, daß der betrachtete Wagen beschleunigt oder verzögert würde oder gar sich krummlinig bewegte).

Beim Trägheitsgesetz ergibt sich also das gleiche Urteil von den Inertialsystemen aus ohne weiteres; bei den übrigen mechanischen Gesetzen, also denen, die sich nicht auf kräftefreie, sondern von Kräften beeinflußte Bewegungen beziehen, erklärt sie sich so: Alle Gesetze der Mechanik, mag man sie nun in den verschiedenartigsten Formen aussprechen (z. B. Galilei, Newton, Maupertuis, Hamilton, Gauß) beruhen im letzten Grunde auf der einen fundamentalen Tatsache oder Hypothese, daß die Kraft mit der Änderung der Geschwindigkeit zusammenhängt. Jede beobachtete Änderung einer Geschwindigkeit muß aber von allen Inertialsystemen aus beurteilt in der Tat dieselbe sein, wie von dem ruhenden Raume aus, weil die Inertialsysteme selber ihre Geschwindigkeit nicht ändern.

§ 42. Angriff auf die absolute Raumeigenschaft R I.

Die mechanischen Naturgesetze sind für alle Inertialsysteme dieselben wie für den absoluten Raum — wäre die ganze Physik nur mechanisch, so würde man auf Grund dieser Erkenntnis den äußerst wichtigen und folgenschweren Schritt eines Angriffes auf den absoluten Raum auszuführen berechtigt sein.

Denn für jedes bewegte Inertialsystem S' sind nach dem Vorigen die Naturgesetze erfüllt, folglich ist jedes einzelne dieser unendlich vielen Inertialsysteme S' dem absoluten Systeme S gleichwertig. Jeder Beobachter in einem System S' kann dieses sein bisher für bewegt erklärtes System mit demselben Rechte den absoluten ruhenden Raum nennen, wie der Bewohner des zuerst als „Der Raum" bezeichneten angeblichen „Ruhesystems" S.

Es gibt keinen ruhenden absoluten Raum; „Der Raum" geht unter in der unendlichen Mannigfaltigkeit aller Inertialsysteme; es gibt nur unendlich viele gleichberechtigte Inertialräume; der ruhende Raum ist ein relativer Begriff.

§ 43. Kriterium M und Kriterium F.

Allerdings müßte, um den Gedanken an eine derartige Gleichsetzung der Inertialsysteme mit dem absoluten Raum überhaupt möglich erscheinen zu lassen, noch ein anderes vorangehen.

Gewiß ist die materielle Gleichwertigkeit der Naturgesetze das endgültige Kriterium für die Gleichberechtigung der Inertialsysteme und des absoluten Raumes. Jedoch hat die Anwendbarkeit dieses materiellen Kriteriums („Kriterium M") das Erfülltsein eines formellen Kriteriums („Kriterium F") zur selbstverständlichen Voraussetzung. Würde die rein formelle, rein-geometrisch-räumliche Gegenseitigkeitsbetrachtung zwischen irgend einem Inertialsystem O' und dem absoluten Raumsystem O nicht ihrerseits schon volle formelle räumliche Gleichwertigkeit ergeben haben, so kämen Schlüsse aus einer etwaigen Übereinstimmung der Naturgesetze überhaupt gar nicht in Frage. Diese formelle Gleichwertigkeit ist jedoch, wie bereits auseinandergesetzt, so lange es sich um Raumfragen allein handelt, immer ohne weiteres erfüllt. Es ist kaum nötig, an der Hand einer einfachen Figur dieselbe auch hier abzuleiten (vgl. Fig. 8).

Die Figur zeigt zunächst das Ruhesystem O und das geradlinig-gleichförmig bewegte Inertialsystem O', letzteres in verschiedenen nacheinander angenommenen Lagen gezeichnet. Da die Achseneinrichtung doch willkürlich ist, sind vorher beide Systeme in Gedanken so gedreht worden, daß die x-Achse und die x'-Achse beide der Bewegungsrichtung entsprechen und die übrigen Achsen ebenfalls parallel sind. Dann ergibt sich folgender einfacher Gedankengang:

1. **Ausgangsauffassung:**

O ist der Raum, O' nicht, denn O ruht, O' bewegt sich, sagen wir mit der Geschwindigkeit von 30 km in der Sekunde.

2. **Gegenüberlegung:**

O' kann ebensowohl sagen: nein, ich, O' ruhe und du, O, bewegst dich mit der Geschwindigkeit von 30 km, die du mir fälschlich zuschreibst, selber (nach der entgegengesetzten Seite).

In der Tat ist es vom formellen Standpunkte ganz unmöglich, zu sagen, wer von beiden Recht hat.

Fig. 8.

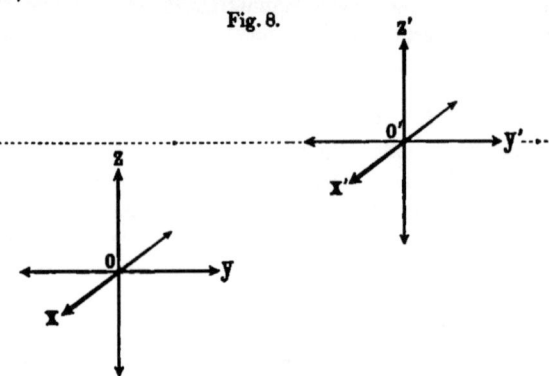

§ 44.

So führen formelle Gleichwertigkeit und materielle Übereinstimmung des Naturgeschehens zum Relativitätsprinzip der alten Mechanik. Für den Raum und die Zeit selber konnten die kühnen Folgerungen natürlich nicht mit Sicherheit gezogen werden. Denn es war keineswegs bewiesen, daß die Übereinstimmung auch bei den nicht mechanischen Naturvorgängen vorhalten würde.

Heben wir noch einmal ausdrücklich diejenige absolute Raumeigenschaft heraus, welche durch das alte Relativitätsprinzip angezweifelt wird; es ist die Eigenschaft R I, Nullpunkts- und Achsenabsolutität des Raumes. Vollkommen unerschüttert stehen nach wie vor da die absoluten Eigenschaften

R II: Absolute Bedeutung des räumlichen Maßstabes,

Z I: Absolute Bedeutung des zeitlichen Nullpunktes,

Z II: Absolute Bedeutung des zeitlichen Maßstabes,

also die zweite absolute Grundeigenschaft des Raumes und beide absolute Grundeigenschaften der Zeit.

§ 45. Geltungsbereich des alten Relativitätsprinzipes.

In Wahrheit konnte von einer allgemeinen Gültigkeit des alten Relativitätsprinzipes keine Rede sein. Es galt für die Mechanik, unter der Voraussetzung, daß die als richtig angenommenen mechanischen Bewegungs- und Gleichgewichtssätze überhaupt exakt richtig waren (vgl. über diesen Punkt §§ 96 bis 98 im letzten Abschnitt) und es reichte dann zunächst so weit, wie die Naturvorgänge sich eben als mechanische Vorgänge herausstellten. Dagegen konnte man auf elektromagnetische Vorgänge das Relativitätsprinzip offenbar nicht übertragen. Zum Beispiel erzeugt eine auf der Erde ruhende elektrisierte Kugel bekanntlich in ihrer Umgebung ein reines elektrisches („elektrostatisches") Feld. Eine gleichmäßig geradlinig bewegte Kugel dürfte, wenn für die elektrischen Vorgänge das mechanische Relativitätsprinzip gälte, augenscheinlich auch nur gerade dasselbe rein elektrostatische Feld erzeugen. Das ist aber ganz und gar nicht der Fall; es ist eine bekannte Tatsache, daß jede bewegte elektrische Ladung außer dem elektrischen auch ein magnetisches Feld besitzt. Auf der Erzeugung magnetischer Felder durch bewegte elektrische Ladungen beruht ja eine überaus große Menge der praktischen Anwendungen elektrischer Ströme [1]).

Ähnliche Erfahrungen und Überlegungen kamen in anderen Naturgebieten hinzu, so z. B. in der Optik und bei den Erscheinungen der strahlenden Wärme.

Für alle diese und verwandte Erscheinungsgruppen konnte das alte Relativitätsprinzip keine Geltung beanspruchen.

§ 46. Die zwei Hälften der Natur.

Für die weitere Entwickelung ist es wichtig, sich an die Tatsache zu erinnern, daß die erwähnte Verwandtschaft der nichtmechanischen Vorgänge untereinander ebenfalls eine sehr enge ist, genau entsprechend der engen sachlichen Zusammengehörigkeit der vorher besprochenen mechanischen Vorgänge.

Auch die nichtmechanischen Vorgänge bilden eine einzige große Familie. Wenigstens haben bisher alle wissenschaftlichen Erfahrungen die Annahme gerechtfertigt, daß die Gesamtheit dieser nichtmechanischen Vorgänge wieder aus einer gemeinsamen

---

[1]) Vgl. übrigens § 97.

Gruppe von Naturgesetzen übereinstimmend abzuleiten ist: sie sind, kurz gesagt, alle elektromagnetischer Natur, also beherrscht von den gemeinsamen Grundgesetzen der ruhenden und bewegten elektrischen und magnetischen Felder (z. B. Maxwellsche Gleichungen).

Die ganze Natur, soweit sie überhaupt den physikalischen Gesetzen unterworfen ist, zerfällt also in zwei große verschiedenartige Gebiete: Erstens rein mechanische, zweitens elektromagnetische Vorgänge.

Die Frage: wie weit reicht das Relativitätsprinzip? nahm daher, nachdem das Relativitätsprinzip für die Mechanik angenommen war, die folgende präzise Gestalt an: Gilt das Relativitätsprinzip auch für die zweite große Hälfte der Naturvorgänge, nämlich die elektromagnetischen Erscheinungen?

<hr />

Siebenter Abschnitt.

Absoluter Raum und absolute Zeit III.

A. Absoluter Raum und Weltäther.

§ 47.

Diese Frage schien einen Augenblick eine überraschend einfache Wendung nehmen zu sollen, nämlich als der außerordentliche Gedanke aufkam, man könne die Gesamtheit aller elektromagnetischen Vorgänge auch wieder, wie das bei der einen Hälfte der Natur gelungen schien, als rein mechanische Vorgänge erklären. Indessen zeigte sich bald, daß gerade im Falle einer solchen mechanischen Erklärbarkeit der Elektrizität doch der Relativitätsgedanke tatsächlich nicht den Sieg davontrug, sondern im Gegenteil nur eine erneute Stärkung der absoluten Raum- und Zeitvorstellung die unabweisbare Folge sein mußte.

Dieser auf den ersten Blick höchst überraschende Rückschlag erklärt sich folgendermaßen:

Die Stärkung der absolutistischen Anschauung wäre jedenfalls nicht zustande gekommen, wenn die älteren mechanischen Erklärungsversuche der Elektrizität (Theorie der elektrischen „Flüssigkeiten“ usw.) recht behalten hätten.

Diese älteren Theorien haben sich aber bekanntlich als durchaus unzutreffend erwiesen. In dem Kampfe der Erklärungsversuche hat auf Grund gesicherter Erfahrung die von **Faraday** und **Maxwell** begründete berühmte Theorie des „Weltäthers" als einzig und allein mit den Tatsachen im Einklang stehende Erklärungsmöglichkeit das Feld behauptet.

Nach dieser Theorie sind die elektrischen und magnetischen Felder Spannungszustände usw. im „Äther". Als Äther bezeichnete man bekanntlich jenen merkwürdigen Stoff, durch den man seit einigen Jahrzehnten die Lichterscheinungen und die Lichtvorgänge erklärte, der überall vorhanden sein und alles durchdringen sollte, also gewissermaßen seiner Verbreitung nach der Universalstoff der Welt, in den die ganze Körperwelt eingebettet war, vielleicht sogar der Urstoff, aus dem auch die Körperwelt durch Verdichtung usw. entstanden sein mochte; übrigens seinerseits für die menschlichen Sinne im Gegensatz zu allen sonstigen Stoffen, **völlig unwahrnehmbar.**

Nun führten verhältnismäßig bald eine Reihe von außerordentlich bedeutungsvollen Experimenten zu dem wichtigen Schlusse, daß der Äther nie von einem bewegten Körper mitgerissen werden kann, vielmehr bewegt sich jegliche Materie ohne Widerstand siebartig[1] durch ihn hindurch. So gelangte man weiter zu der äußerst wichtigen Folgerung:

Der Weltäther liegt, ruhend, als Ganzes unbeweglich ausgebreitet, gerade in demselben Bereiche des „Fixsternhimmels", welcher auf Grund der mechanischen Vorgänge für den absoluten Raum erklärt worden war.

Es liegt auf der Hand, daß durch diese Einsicht der absolute Raum, weit entfernt, relativiert zu werden, im Gegenteil eine ganz neue vertiefte Bedeutung gewann.

Denn wenn dieser mit dem absoluten Raume identische Weltäther der Träger der elektrischen und magnetischen Erscheinungen war, dann verstand es sich erst recht, daß von irgend einer Gleichwertigkeit von elektromagnetischen Vorgängen in bewegten

---

[1] Die Zusammensetzung der Materie aus getrennten Einzelteilchen ist heutzutage bewiesen. Bei der szintillierenden Phosphoreszenz von **Elster** und **Geitel** sieht das Auge Wirkungen von einzelnen Unterteilen der Atome; bei den **Laue**schen Kristallversuchen „sieht" die Röntgenplatte unmittelbar den Aufbau der molekularen Welt.

Systemen mit denen im Ruhsystem (nämlich dem Weltäther) gar keine Rede sein konnte. Rein konnten die elektromagnetischen Vorgänge dann selbstverständlich nur in diesem ruhenden Äther selber herauskommen; in jedem anderen System mußten Störungen erwartet werden, denn jedes bewegte System bewegte sich ja jetzt nicht nur gegen das körperlose Hohlgebilde des absoluten Raumes, sondern es durchschnitt und zerteilte, mit mehr oder weniger großer Geschwindigkeit, gerade denjenigen Stoff selber, welcher die elektromagnetischen Vorgänge trug und fortpflanzte. So mußten unbedingt Abweichungen zustande kommen, zunächst einfach durch die Tatsache, daß der Beobachter selber seine elektrischen und magnetischen Felder gar nicht im Ruhäther herstellen konnte, sondern nur in einem ihm gewissermaßen fortwährend unter den Händen wegflutenden Strome (genau wie der Insasse eines fahrenden Ozeandampfers irgend welche physikalischen Studien an dem Wasser des Meeres als Ganzem nicht im Normalzustande der Ruhe machen kann, sondern nur den fortwährend weggleitenden Strom zur Verfügung hat).

Also in der Tat eine zweifellose Verstärkung der absoluten Raumauffassung.

§ 48.

Das Unerwartete der Schlußfolgerung liegt darin, daß gerade die Einsicht: die elektrischen Vorgänge sind mechanischer Natur, nicht dem mechanischen Relativitätsgedanken zum Siege verhilft, sondern zur absolutistischen Raumauffassung zurückleitet. Indessen ist die Erklärung sehr einfach. Sie besteht darin, daß der ganze absolute Raum eben als Ganzes mit einem einzigen Körper ausgefüllt wird. Fragt man: Für alle mechanischen Vorgänge gilt doch aber die Inertialrelativität des Raumes, wo bleibt denn nun bei den elektrischen Vorgängen, die doch mechanische sein sollen, diese Relativität? so lautet die Antwort: Die einzig mögliche Anwendung des Relativitätsgedankens für die elektrische Hälfte der Natur ist jetzt die, diesen Körper, den Weltäther, als Ganzes, anstatt ruhend, geradlinig-gleichförmig bewegt zu denken. Das kann man natürlich tun. Aber das heißt jetzt nichts anderes, als sich den Raum als Ganzes wieder „bewegt" vorstellen wollen; und diese Vorstellung entbehrt, wie wir bereits in § 21 erkannt haben, des physikalischen Sinnes. Die an und für sich

mit der „mechanischen" Erklärung zweifellos verbundene Inertial-
bewegungs-Relativität ist damit, wenn ich so sagen darf, über
die uns begrifflich unzugängliche Unendlichkeitsgrenze ab-
geschoben.

§ 49. Zusammenfassung.

Zusammengefaßt: Indem die mechanische Erklärbarkeit der
elektrischen Erscheinungen wahrscheinlich wurde, nahm der absolute Raum die gewissermaßen greifbare Gestalt des Weltäthers
an. Gerade dadurch wurde aber eine Gleichwertigkeit der gleichförmig-geradlinig bewegten Systeme gegenüber dem Ruhsystem für
die ganze elektrische Hälfte der Natur augenscheinlich unmöglich
gemacht; denn jede Bewegung bedeutet jetzt, als Bewegung gegen
den absoluten Raum, zugleich eine tatsächliche Verschiebung
gegenüber dem Träger der elektrischen Erscheinungen, dem Weltäther.

§ 50. Folgerung.

Daraus ergibt sich nun mit zwingender Notwendigkeit diejenige grundlegende Folgerung, die die Basis für die ganze überraschende Entwickelung des modernen Relativitätsprinzips geworden ist.

Soll auf irgend eine Weise irgend eine Art von Relativität
des Raumes zustandekommen, so gibt es dafür nur eine einzige
Möglichkeit: Es muß eine vollkommen grundsätzliche Wandlung
in unserer Grundauffassung vom Wesen der elektrischen Erscheinungen eintreten; der „Weltäther", das anscheinend ganz
unentbehrliche Erklärungsmittel für die gesamte elektrische Hälfte
der Natur, muß fallen.

§ 51.

Man bedenke, welche ungeheuerliche Zumutung eine solche
Idee mit sich bringen mußte. Auf dem Boden des Weltäthers
war die ganze moderne Entwickelung der Elektrizitätstheorie erfolgt. Die kennzeichnendste Eigenschaft aller elektrischen Vorgänge, nämlich ihre Fortpflanzbarkeit durch den leeren Raum (mit
Lichtgeschwindigkeit), insbesondere die ungeheuer verwickelten
Vorgänge der Lichtübertragung selber mußten zunächst vollkommen
unvorstellbar erscheinen, wenn man nicht den „Träger" für diese

Vorgänge, eben den Äther, hatte. Nicht minder führten die bekannten Erscheinungen der Induktion, eine Reihe von magnetischen Wirkungen und schließlich mehr oder weniger auch fast alle übrigen Erscheinungen des Gebietes ins Grundlose, sobald man den Träger fallen ließ.

Es mußten experimentelle Ergebnisse ganz zwingender Art kommen, wenn in dieser Beziehung auch nur das geringste Aufgeben der anscheinend unentbehrlichen Äthervoraussetzung mit den gesicherten Ergebnissen der bisherigen Erfahrung verträglich erscheinen sollte; und es mußte ganz sicher ein solches Zurückweichen von der Ätherauffassung eine außerordentliche Umstellung der ganzen physikalischen Vorstellungsweise voraussetzen: im Raume fortgepflanzte Energie ohne Träger, Wellen ohne ein oszillierendes Medium, Schwingungen ohne einen schwingenden Stoff, das war in der Tat zunächst eine schlechthin unvollziehbare Absurdität.

Doch nur it solchen Opfern, ja noch größeren, mit wirklichen sacrificia intellectus, konnte der Weg zum modernen Relativitätsprinzip erkauft werden.

B. Die erste Untersuchungsreihe über den Weltäther.

§ 52.

Der Äther hat nun allerdings, seitdem er beanspruchte, außer den Lichtvorgängen die Gesamtheit aller elektrischen Erscheinungen zu erklären, nicht bei allen Physikern dauernd dasjenige Zutrauen erweckt und sich erhalten, das ihm zuerst im Hinblick auf seine anscheinend vollkommene Unentbehrlichkeit sowie die durch ihn erreichte großartige Vereinheitlichung des ganzen Weltbildes wohl allgemein entgegengebracht wurde.

Schon als Lichtäther hatte er eine merkwürdige Verständnisschwierigkeit dargeboten.

Man kann und konnte nämlich schon seit langer Zeit Lichtstrahlen herstellen, von denen man ganz genau weiß, daß sie auf ihrem ganzen Wege nur in einer einzigen Ebene schwingen; etwa wie die Zinken einer Stimmgabel, die sich auch nur gegen- und voneinander wegbewegen, aber nie schräg zu der ursprünglichen Richtung oder etwa gar senkrecht dazu. Solche Lichtstrahlen heißen polarisiert. Man wußte, wie gesagt, ganz genau, daß der-

artiges Licht nur in einer ganz bestimmten Ebene schwingt; aber
es war und blieb merkwürdigerweise trotz endloser Versuche und
Debatten unmöglich, diese Schwingungsebene eindeutig zu bestimmen, es blieben in all und jedem Falle zwei verschiedene
Richtungen zur Auswahl. Diese beiden Richtungen wichen so weit
voneinander ab, wie zwei Richtungen nur irgend können: sie
standen nämlich senkrecht aufeinander. Und es war und blieb
schlechthin unmöglich festzustellen, in welcher von beiden Richtungen der (selber unwahrnehmbare) Äther schwang.

Als dann die elektrischen Erscheinungen hinzukamen, hätte
man vielleicht meinen sollen, durch diese neuen Forderungen, die
damit an den Äther gestellt wurden, würde die eigenartige Unbestimmtheit beseitigt und überhaupt die wirkliche Natur des
Äthers eindeutig festgelegt werden. Aber es kam ganz anders.

Schon die Urheber der elektrischen Äthertheorien, Faraday
und besonders Maxwell, arbeiteten mit verschiedenen Äther-
vorstellungen, die sich nicht miteinander vereinen ließen. Je
mehr die Äthervorstellung als solche an Boden unter den Physikern
gewann, desto zahlreicher und mannigfaltiger wurden die einzelnen Äthertheorien; was fehlte und keinen einzigen Schritt
näherrücken wollte, war die Theorie vom Äther, d. h. die richtige,
die alle anderen schlug.

So gab es z. B. eine Theorie, die erklärte (um nur die Haupt-
punkte herauszugreifen) die sogenannten elektrischen Kraftlinien
für Strömungslinien des Äthers, die magnetischen Kraftlinien für
Drehspannungslinien; eine andere Theorie behauptete, daß der
Äther längs der elektrischen Kraftlinien in einem bestimmten
Längsspannungszustande sei, um die magnetischen Kraftlinien
aber Wirbelbewegungen ausführe. Dann gab es wieder eine
Theorie, die sowohl hinter den elektrischen wie gleichzeitig den
magnetischen Kraftlinien Bewegungen des Äthers voraussetzte;
wieder eine andere wollte in fast allen elektrischen und magnetischen Erscheinungen Spannungsvorgänge des Äthers sehen
und Ätherbewegungen nur einem gewissen Anteil der rein elektrischen Kraftlinien vorbehalten; usw. usw. in ganz außerordentlich
langer und bunt bewegter Reihenfolge.

Alle diese vielen verschiedenartigen Theorien waren im Laufe
der Jahre von den verschiedensten Physikern aufgestellt, richtiger
gesagt, meistens im Rohbau errichtet worden. Soweit sie aus-

gebaut waren, stimmten sie eigentlich dem Anschein nach alle, so daß man nun erst recht nicht wußte: welches von diesen zahlreichen und verschiedenen Bildern ist denn nun eigentlich der Äther selbst?

§ 53.

So kann es nicht wundernehmen, daß schließlich viele führende Physiker, vielfach auch gerade die Urheber der Ätherbilder selber, mißtrauisch wurden. Man konnte sich nicht ganz des Gedankens erwehren, als ob hier irgend ein Zuviel in den Grundvoraussetzungen stecke; als ob die Theorie irgend ein Etwas zu den Erscheinungen hinzugetan hätte, wodurch eine künstliche subjektive Unbestimmtheit in das Weltbild hineingetragen wäre, die der Welt selber nicht eignete. Daß dieses Zuviel allerdings der Äther selber sei, das ist ein Gedanke, der doch nur ganz allmählich sich festigen konnte und, wie offen zugegeben werden muß, auch heute noch von einer nicht unbeträchtlichen Anzahl von Gelehrten für eigentlich nicht recht ausdenkbar gehalten wird.

Jedenfalls gelangte eine große Anzahl der führenden Physiker allmählich auf den Standpunkt, den Äther ruhig auf dem toten Gleise stehen zu lassen, auf das er augenscheinlich gefahren war. Man hörte immer weniger von den mechanischen Theorien der elektrischen Physikhälfte, und die schönen Träume der mechanischen Erklärung der ganzen Naturvorgänge fristeten nur mehr ein allerdings wenig beschauliches, sondern meistens recht anspruchsvoll-lärmendes Dasein in den Agitationsschriften der modernen Naturphilosophen. In der physikalischen Wissenschaft konnten diese letzteren Gedanken um so mehr zurücktreten, als für die Frage der Vereinheitlichung unseres Weltbildes inzwischen eine ganz andere Hoffnung in den Vordergrund getreten war: nicht mechanische Erklärung der elektrischen Naturhälfte, sondern Zurückführung der ganzen mechanischen Naturhälfte auf im Inneren der Körper sich abspielende elektrische Vorgänge, hieß etwa seit der Jahrhundertwende die neue Parole[1]).

§ 54.

Es ist dann mir selber vergönnt gewesen, die Frage der Äthertheorien, soweit der bisher beschrittene Weg in Betracht

[1]) W. Wien, Ann. d. Phys. 5, 501 (1901).

kam, zu einem gewissen Abschlusse zu bringen[1]). Es gelang mir,
einerseits von den Gesetzen der Mechanik, andererseits denen der
Elektrodynamik ausgehend, zunächst eine erschöpfende Übersicht
der Gesamtheit aller derjenigen Äthertheorien aufzustellen, welche
auf dem Grunde jener mechanischen und elektrischen Ausgangs-
annahmen überhaupt denkbar sind. Ich konnte die einzelnen
Typen von Theorien sämtlich entwickeln, die im Rohbau vor-
handenen Ansätze von Theorien einordnen und, immer unter den
erwähnten, die derzeitigen Ergebnisse der Wissenschaft um-
fassenden Grundvoraussetzungen nachweisen: Führt man die einzelnen Typen von Theorien bis in die Einzelheiten der verschiedenen elektrischen und magnetischen Einzelvorgänge durch und
prüft nach, welche dieser Theorien wirklich alle Einzelheiten
exakt richtig wiederzugeben gestatten, so besteht keine einzige
dieser Theorien die Prüfung exakt. Jede einzelne der Theorien
fordert irgendwo, sei es in der Elektrostatik, sei es beim
Licht usw. usw., irgend welche Folgerungen, die von der Wirklichkeit abweichen[2]).

§ 55.

Waren also die von mir zugrunde gelegten wissenschaftlichen
Fundamentalgesetze der Mechanik und der Elektrizität exakt
richtig, so war der Verzicht auf die mechanische Erklärung der
elektrischen Naturhälfte mehr als ein unangenehmer Ausweg aus
einer allmählich drückend empfundenen Situation, es war eine in
der Sache selber liegende Notwendigkeit.

Mochten die Vorstellungsschwierigkeiten noch so groß sein,
man mußte sich zu dem Opfer entschließen: man mußte sich
zwingen, sich fortgepflanzte Schwingungen ohne schwingenden
Körper, elektrische Spannungen ohne gespanntes Medium vorzu-
stellen, usw. usw.

Ist man so weit gekommen, dann steht man allerdings auch
hart vor dem letzten Aufstieg zum Relativitätsprinzip.

---

[1]) Die Anregung zu diesem Unternehmen ging von M. Planck aus.
[2]) H. Witte, Mechanische Erklärung der elektrischen Erscheinungen,
Berlin 1906; Verh. d. D. Phys. Ges. 8, 497—510 (1906); Ann. d. Phys. (4)
26, 235—311 (1908); Jahrbuch der Radioaktivität und Elektronik 7, 205—261
(1910); Physik. Zeitschr. 12, 347—360 (1911); u. a. m.

C. Zweite Untersuchungsreihe über den Äther.
Der Michelson-Versuch.

§ 56. Die zweite Untersuchungsreihe über den Äther.

Die zwingende Entscheidung für den Verzicht auf den Äther hat, wenn wir der modernen Entwickelung weiter nachgehen, eine Reihe von Untersuchungen gebracht, welche auf dem Wege des Experiments die Existenzfrage für den Äther aufgerollt haben.

Unsere Erde ist selber ein Schiff, das mit einer für menschliche Verhältnisse großen Geschwindigkeit durch den Äther dahinstreicht. Oder wenn wir eine physikalisch gleichwertige, aber für die Anschauung bequemere Ausdrucksweise wählen: die Erde befindet sich stets und ständig — es sei denn, daß sie infolge des Gegeneinanderwirkens von Erden-, Sonnen- usw.-Bewegung einmal kürzere oder längere Zeit im Äther ruht — von einem Ätherstrome oder Ätherwind um- und durchflutet. (Es ist genau, wie wenn man in einem offenen Wagen fährt, vom Standpunkte des Wagens aus bewegt sich die Luft dem Insassen entgegengesetzt, mit um so größerer Geschwindigkeit, je schneller der Wagen die Luft durchschneidet.)

Es ist das dieselbe Strömung bzw. Gegenströmung, von der wir oben bereits sagten, sie müßte bei hinreichend genauer Messung sich unter allen Umständen als Störung unserer sämtlichen elektrischen, magnetischen usw. Experimente geltend machen. Die entscheidenden Experimente bestehen darin, daß man solche Messungen wirklich ausführt.

§ 57.

Das ist freilich leichter gesagt als getan. Wären die Störungen leicht festzustellen, dann hätte man sie natürlich schon viel früher entdecken müssen. Es hätten dann sogar diese Störungen dasjenige sein können, wodurch man überhaupt auf die Annahme der Existenz des Äthers als Träger der elektrischen Erscheinungen gekommen wäre; tatsächlich ist es umgekehrt gegangen, die Strömungsstörungen sind die Probe auf die Existenz des Äthers geworden.

Vielleicht fällt es zunächst auf, daß die Störungen nur klein sein sollen; ist doch die Geschwindigkeit der Erde, unseres den Äther durchschneidenden Schiffes, oder umgekehrt, die uns umbrausende Ätherströmung, nach menschlichen Begriffen sehr groß, unendlich viel stärker als der stärkste Orkan. Aber im Äther gelten andere Maße; gewissermaßen das Normalmaß ist da 300000 km in der Sekunde, nämlich die Fortpflanzungsgeschwindigkeit der elektrischen Erscheinungen im Äther, und dagegen ist selbst die Erdgeschwindigkeit bzw. die Gegengeschwindigkeit des Ätherorkanes, den unsere Instrumente in Gestalt der zu erwartenden Störungen registrieren sollen, recht klein. Die Orkangeschwindigkeit [1]) beträgt nämlich (vgl. § 39) durchschnittlich nicht mehr als 30 km in der Sekunde, verhält sich also zu jener für den Äther charakteristischen „Lichtgeschwindigkeit" [2]) rund wie 1 : 10 000.

§ 58.

Immerhin sind mit den Mitteln der modernen Physik eine ganze Reihe derartiger entscheidender Messungen möglich gewesen. Wir wollen eine von ihnen, die wichtigste, besprechen, nämlich den Versuch von Michelson.

§ 59.

Der Michelson-Versuch beruht auf folgendem, zunächst leichtverständlichen Grundgedanken:

Von einem bestimmten Punkt der Erde, z. B. dem flachen Dach der Technischen Hochschule zu Braunschweig, mögen in einem bestimmten Zeitpunkt nach allen Richtungen der Windrose Lichtstrahlen ausgesandt werden. Dann muß die Fortpflanzung des Lichtes, sobald die Erde in Bewegung ist, also der Ätherorkan über das Beobachtungsgebiet hinbraust, anders erfolgen, als wenn die Erde ruht, der Äther also im Beobachtungsgebiet still steht (bei „Ätherstille").

Im letzteren Falle, der ja ganz gelegentlich sehr wohl einmal verwirklicht sein könnte, müßte sich das Licht nach allen Richtungen gleichmäßig schnell fortpflanzen; im ersteren Falle aber, der der weitaus häufigere sein wird, erfahren die Lichtstrahlen Hemmungen oder Förderungen. Am größten sind die Beträge dieser Hemmungen und Förderungen in den beiden Richtungen 1. genau entgegen dem Ätherstrom, 2. genau mit dem Ätherstrom. Sei die erste Richtung in dem Augenblicke der

---

[1]) Kurze Bezeichnung für die Äther-Orkan-Geschwindigkeit:
[2]) Kurze Bezeichnung für die Lichtgeschwindigkeit: c.

Beobachtung etwa NE, dann ist die zweite gleichzeitig SW. Der nach NE laufende Lichtstrahl wird genau soviel gehemmt, wie während der Zeit des Lichttransportes der Ätherorkan dem Lichte entgegenflutet, denn der Äther ist der Träger des Lichtes; der SW-Strahl wird in demselben Maße gefördert.

Der Betrag von Hemmung und Förderung des Lichtes, kurz gesagt, der zu beobachtenden Verkleinerung oder Vergrößerung der Lichtgeschwindigkeit, ist durch das obige Verhältnis 1:10000 gegeben. Die Lichtgeschwindigkeit müßte also in der einen Richtung den zehntausendsten Teil von 300000 km — das sind eben die 30 km der Ätherorkangeschwindigkeit — kleiner, in der anderen ebensoviel größer ausfallen.

§ 60.

Leider läßt sich das Experiment in dieser Weise nicht ausführen. Es würde nämlich voraussetzen, daß man zugleich an zwei verschiedenen Punkten der Erdoberfläche genau vergleichbare Präzisions-Zeitmessungen anstellen könnte; das ist vorläufig unmöglich. Alle wirklichen irdischen Lichtmessungen (die astronomischen scheiden ohne weiteres aus, weil ihr Genauigkeitsgrad nicht groß genug ist), können nur so erfolgen, daß man einen und denselben Strahl durch Spiegelung nach dem Ausgangspunkte zurücklaufen läßt und die Gesamtzeit für Hin- und Rückweg zusammen mißt, ohne die beiden trennen zu können (man vergleiche z. B. die bekannte Methode von Fizeau).

Wo bleibt da nun die Möglichkeit, die Wirkung des Orkans zu registrieren?

§ 61.

Was nützt es uns, daß der Strahl in der einen Richtung, etwa auf dem Hinwege, gehemmt wird? in der umgekehrten Richtung, auf dem Rückwege, wird er genau in demselben Verhältnis wieder gefördert, also hebt sich selbstverständlich beides auf. Die Gesamtzeit für den Doppelweg bleibt immer dieselbe, mag die Geschwindigkeit des Ätherorkans so groß sein wie sie will!

Es ist das Verdienst von Maxwell, bereits darauf hingewiesen zu haben, daß diese naheliegende Schlußfolgerung übereilt wäre.

Merkwürdigerweise heben sich die beiden Wirkungen nicht auf, es überwiegt unter allen Umständen die Hemmung, der

hin und her laufende Strahl kommt bei Vorhandensein des „Ätherorkans" immer später an, als wenn der Ätherstrom einmal stille
steht (bei „Ätherstille").

Allerdings ist die Verspätung sehr gering; während man bei
der leider nicht ausführbaren direkten Messung an zwei verschiedenen Erdpunkten auf einen Effekt rechnen könnte, der
durch das Zahlenverhältnis

$$\frac{1}{10\,000}$$

gegeben war, ist das Zahlenverhältnis hier

$$\frac{1}{100\,000\,000},$$

also ein Hundertmilliontel; es ist, in wissenschaftlicher Ausdrucksweise, nicht ein „Effekt erster Ordnung", sondern ein Effekt
„zweiter Ordnung"; dafür aber handelt es sich hier um Messung
an einem und demselben Punkte, und dafür reichen unsere optischen Meßmethoden vollkommen, sogar überreichlich, aus.

§ 62.

Die Behauptung, daß der Hin- und Hereffekt, die Hemmung
und die Förderung des Lichtes, sich gegenseitig nicht genau auf-
heben, erweckt jedesmal, wenn sie einem Unbefangenen vor-
getragen wird, starkes Kopfschütteln, ich will sie daher mit Hilfe
meines Modells eingehend begründen.

§ 63. Das mechanische Modell.

Mein Modell besteht aus folgenden Teilen (vgl. Fig. 9).

Den Mittelraum nimmt ein langer flacher Holzkasten ein.
Der Holzkasten trägt vorn fünf „Uhren" U_1, U_2, U_3, U_4, U_5, die
von rückwärts durch eine gemeinschaftliche Kuppelstange bewegt
werden, deren Zeiger aber abnehmbar sind und in willkürlichen
Nullstellungen aufgesetzt werden können.

Dieser Kasten ist das (ruhende oder bewegte) System, in
dem sich der Beobachter befindet; für uns also die Erde, bzw.
der Bereich der Erdoberfläche, in dem wir unsere Messungen
anstellen. Das Modell ist in der Weise eingerichtet, daß
das „Erdsystem" (der Kasten) bei den Modellexperimenten
seinerseits nicht bewegt zu werden braucht, sondern auf

dem Experimentiertisch fest stehen bleibt; d. h. wir reden,
wenn sich unser System gegen den Äther bewegt, wieder nicht
von unserer Bewegung gegen den Äther, sondern von dem Ätherorkan, der die Erde den Sinnen unmerkbar durchbraust. Was
dann mit den Lichtstrahlen passiert, stellt das Modell dar, und
zwar folgendermaßen.

Zu beiden Seiten des Kastens stehen je zwei starke Stützen,
die jede eine Welle tragen mit je einem dreifachen Rade. Die
Radachsen stehen auf der Zeichnungsebene senkrecht, das Rad
dreht sich in der Ebene, die Durchmesser der Unterteilungen

Fig. 9.

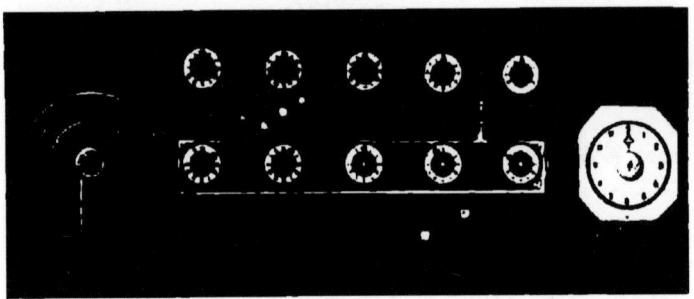

Mechanisches Modell für Michelson-Versuch und Relativitätsprinzip.

jedes Rades verhalten sich wie 3 zu 4 zu 5; die Teilräder sind
symmetrisch durch Schnurläufe verbunden, die oberhalb und
unterhalb des Kastens durchlaufen. Dreht man an einem oder
an beiden Rädern, so bewegen sich die drei Schnurläufe mit, und
zwar läuft die innere Schnur langsamer, die äußere genau in
demselben Verhältnis schneller als die mittlere; die Ge-
schwindigkeitsverminderung bei der inneren Schnur ist zahlenmäßig genau so groß wie die Geschwindigkeitsvermehrung bei
der äußeren Schnur, denn die geringere Geschwindigkeit ist genau
um eine Einheit kleiner, die größere genau um eine Einheit
größer als die normale (3:4:5).

Die Schnurläufe stellen demnach normale Lichtstrahlen,
sowie in ganz bestimmtem Verhältnis (1 zu 4) gehemmten und
geförderten Lichtstrahl dar, und zwar bedeutet bei Rechtsdrehung
der Räder (links herum alles umgekehrt):

1. oberhalb des Kastens die mittlere Schnur Lichtstrahl nach rechts, unterhalb dieselbe mittlere Schnur Lichtstrahl nach links laufend mit Normalgeschwindigkeit, also bei Ätherstille;

2. oberhalb des Kastens die untere Schnur (kleineres Rad) Lichtstrahl nach rechts, gehemmt; unterhalb des Kastens die untere Schnur (größeres Rad) Lichtstrahl nach links gefördert, beides gehört also zu Ätherorkan von rechts nach links (oder Eigenbewegung des Systems von links nach rechts);

3. umgekehrt oberhalb des Kastens die obere Schnur (größtes Rad) Lichtstrahl nach rechts gefördert, unterhalb des Kastens Lichtstrahl nach links gehemmt, dies gehört also beides zu Ätherorkan von links nach rechts (Eigenbewegung des Systems von rechts nach links).

Wir ziehen zum Vergleich mit 1, Ätherstille, vorzugsweise 2 heran. Ätherorkan von rechts, Nr. 3 mit dem Ätherorkan von links liefert überall ähnliche Ergebnisse.

Vor jedem der beiden Räder kann ein großes Zifferblatt mit beliebig aufsetzbaren Zeigern angebracht werden zum Ablesen der Zeit; die Räder werden der Regel nach mit der gemeinsamen Kurbelstange der Uhren U_1 bis U_5 gekoppelt.

Sämtliche Zeiger sollen der Anschaulichkeit halber als Minutenzeiger aufgefaßt werden. Die normale Lichtwelle, bei Ätherstille, braucht dann von einer Uhr zur anderen „eine Viertelstunde", also von U_1 bis zu U_5 oder unten von U_5 bis zu U_1 je „eine Stunde" (vgl. hierzu Fig. 13 bei § 81, sowie Fig. 10a, b und c). Der Abstand einer Uhr von der anderen müßte demnach in Wirklichkeit eigentlich so groß sein, daß er auf der Erde gar keinen Platz hat, nämlich ungefähr so groß, wie der halbe Abstand der Erde von der Sonne. Aber das schadet nichts, denn es handelt sich hier nur um ein Bild, und das Bild ist eben so abgepaßt worden, daß für Raum und Zeit recht anschauliche Zahlen herauskommen. Wir wollen daher den Abstand ruhig mit den Maßeinheiten benennen, die er in dem Apparate hat, das sind je 60 cm, die Lichtgeschwindigkeit ist daher in unserem Modell in einer Viertelstunde oder 15 Minuten 60 cm, mithin 4 cm in einer Minute bei Ätherstille. Der

Ätherorkan hat seinerseits, wie in den oben gegebenen Zahlen liegt, in unserem Modelle zur Lichtgeschwindigkeit das Zahlen-

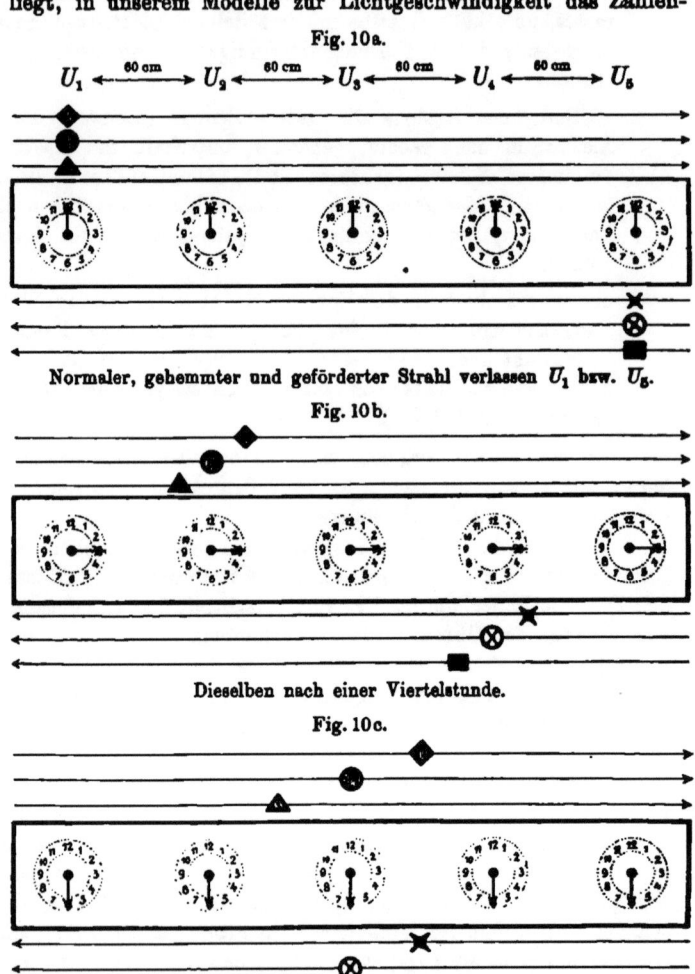

Fig. 10a.

$U_1 \xleftrightarrow{\text{60 cm}} U_2 \xleftrightarrow{\text{60 cm}} U_3 \xleftrightarrow{\text{60 cm}} U_4 \xleftrightarrow{\text{60 cm}} U_5$

Normaler, gehemmter und geförderter Strahl verlassen U_1 bzw. U_5.

Fig. 10b.

Dieselben nach einer Viertelstunde.

Fig. 10c.

Dieselben nach einer halben Stunde.

verhältnis 1 zu 4 (bei der Erde durchschnittlich 1 zu 10000); die gehemmte Welle (kleines Rad), läuft ¹/₄ langsamer als der

normale Strahl, legt also in einer Viertelstunde 60 — 15 oder
45 cm zurück, das sind in einer Minute 3 cm, der geförderte
Strahl in einer Viertelstunde 60 + 15 oder 75 cm, also in der
Minute 5 cm. Der Ätherorkan hat die Geschwindigkeit 1 cm in
der Minute von rechts nach links. Das sieht außerordentlich
wenig aus, dieser Ätherstrom ist aber auf die Wirklichkeit übertragen außerordentlich stark, viel stärker als der normale Ätherorkan, der die Erde durchbraust. Denn in unserem Modell ist
die Lichtgeschwindigkeit ja selber nur 4 cm in der Minute, der
Ätherorkan im Modell also der vierte Teil der Lichtgeschwindigkeit; das wäre auf die Wirklichkeit übertragen eine Ätherorkangeschwindigkeit von 75 000 km in der Sekunde, also 2500 mal
stärker als tatsächlich der irdische Ätherorkan der Regel nach ist.

Zu dem Modell gehört außerdem noch eine Anzahl von
Nebenapparaten; so z. B. die auf dem Bilde sichtbaren fünf
oberen Uhren, die für die zunächst folgenden Versuche ab-
genommen zu denken sind [1]).

§ 64. Veranschaulichung des Michelson-Versuches.

Ein und derselbe Vorgang, nämlich Fortpflanzung eines
Lichtstrahles von links nach rechts und Zurückbewegung von
rechts nach links, ist darzustellen

1. bei Ätherstille,
2. bei Ätherstrom.

Letzterer zunächst von rechts, nachher auch, zwecks Gegenüber-
stellung, von links.

Der Lichtstrahl werde durch eine auf die zugehörige Schnur
aufgehängte Marke veranschaulicht, der normale (Ätherstille) durch
eine runde, der erst gehemmte, dann geförderte (bei Ätherstrom)
durch eine dreieckige.

Der Ausgangs- und Endpunkt sei die Uhr U_1, die Spiege-
lungsstelle die Uhr U_5; d. h. jeder der zwei Lichtstrahlen geht
zunächst oberhalb des Kastens von U_1 bis U_5, kommt er da an,

---

[1]) Die Anfertigung des Modells haben nach meinen Angaben die Herren
Tischlermeister Kindervater und Schlossermeister Bahns in Wolfenbüttel
in dankenswert exakter Weise ausgeführt. — Ich möchte nicht verfehlen,
bei dieser Gelegenheit auf das auf einen anderen Grundgedanken aufgebaute
sehr instruktive Relativitätsmodell hinzuweisen, das Herr E. Cohn an-
gegeben hat: Phys. Zeitschr. **12**, 1227 (1911); Himmel und Erde **33**, 117 (1910).

so wird die Marke von oben nach unten umgesetzt und läuft nun unterhalb zurück bis genau senkrecht unter U_1.

Dabei befindet sich:

1. die runde Marke (Ätherstille) hin und zurück auf der Mittelschnur,
2. die dreieckige (erst gehemmt, dann gefördert) hin auf der Schnur, die zum kleinen, zurück auf der, die zum großen Rad gehört.

Die beiden Bewegungen 1 und 2 können im Modell gleichzeitig vorgeführt werden, Zeitablesung ist dann unnötig, man kann das Überwiegen der Hemmung gegenüber dem Normalvorgang unmittelbar beobachten. Man sieht: Zunächst bewegen sich, oberhalb des Kastens, beide Marken von U_1 nach rechts, die runde mit der Geschwindigkeit 4 cm in der Minute, die dreieckige 3 cm in der Minute. Infolgedessen bleibt die dreieckige zurück, der Abstand wird allmählich immer größer. Wenn die runde bald bei U_5 ankommt, also von oben nach unten umgesetzt werden muß, ist die dreieckige erst bei U_4. Nun läuft die runde unten mit ihrer Normalgeschwindigkeit 4 cm pro Minute nach links weiter, die dreieckige muß ihre langsamere Geschwindigkeit 3 beibehalten, bis auch sie U_5 erreicht. Wenn dies geschieht, ist die runde schon wieder zwischen U_4 und U_3. Jetzt wird auch die dreieckige nach unten umgesetzt und eilt nun mit der vergrößerten Geschwindigkeit von 5 cm pro Minute der runden nach; aber sie holt die runde nicht ein, d. h.: wenn die runde senkrecht unter U_1 ankommt, befindet sich die dreieckige noch weiter rechts.

Zur Veranschaulichung diene (neben 10 und 13) besonders ie Fig. 11.

Diese Figur ist eigentlich ein graphischer Fahrplan und sagt demjenigen, der solche graphischen Fahrpläne kennt, ohne weiteres alles. Wer nicht in dieser Lage ist, kann sie kinematographenartig betrachten, indem er ein undurchsichtiges Blatt Papier, wagerecht gehalten, von oben nach unten über die Figur hinüberschiebt und immer die beiden Markenbilder ins Auge faßt, die gerade über dem oberen Rand zum Vorschein kommen. (Noch besser hält man das Papierblatt fest und bewegt die Figur.) Wenn man dann mit den Augen folgt, sieht man unmittelbar

Fig. 11.

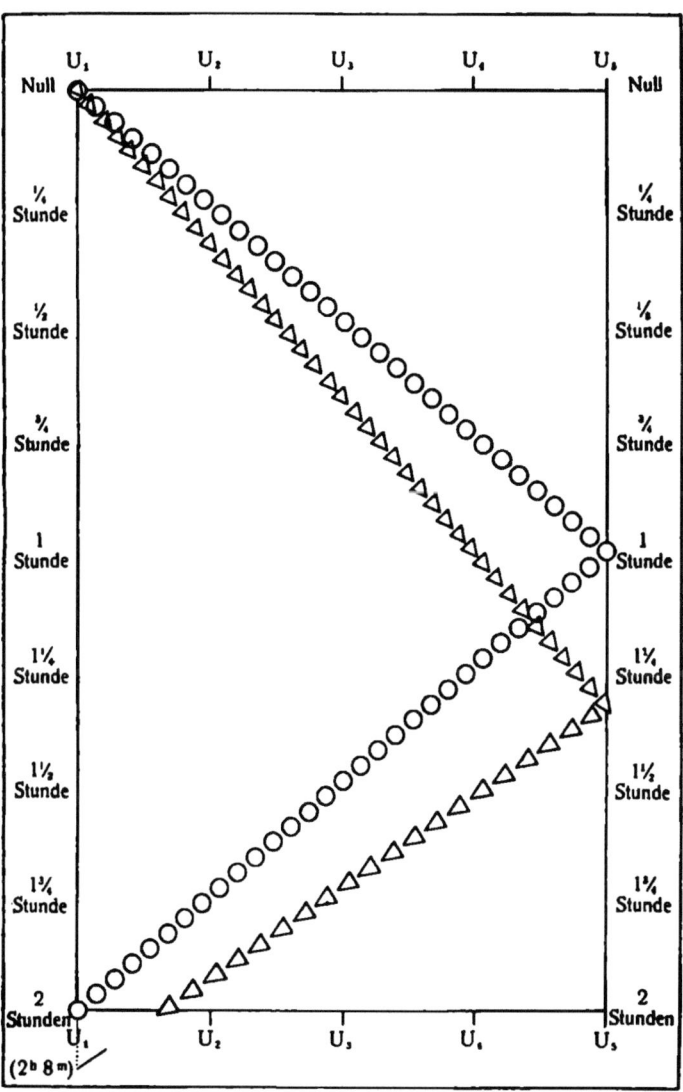

Fig. 12.

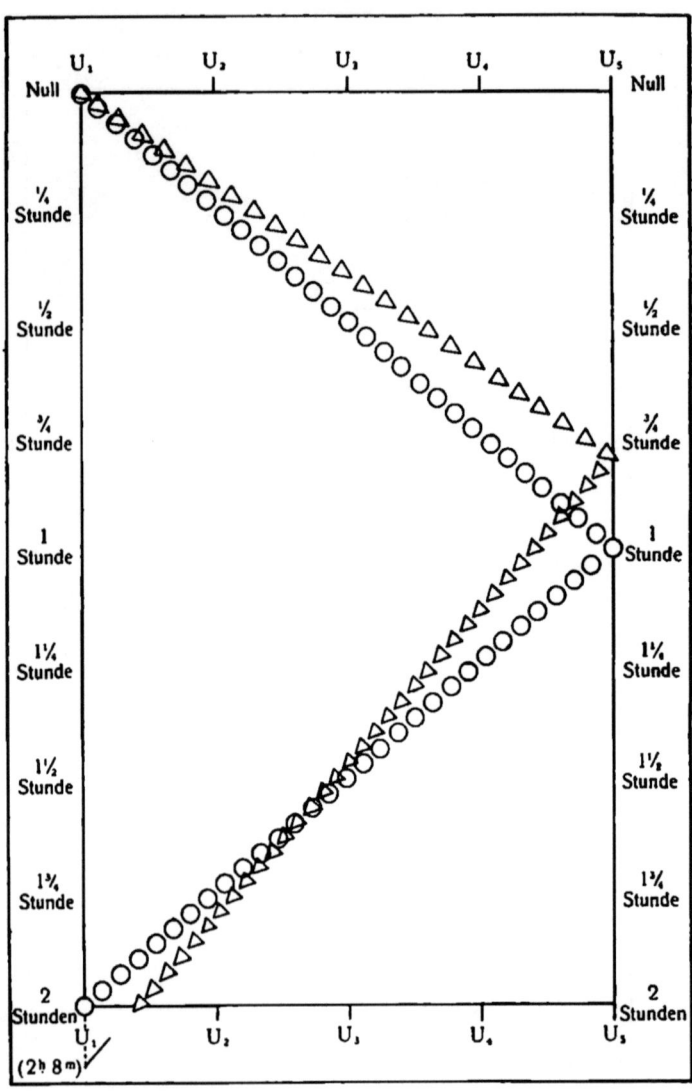

beide Marken zunächst nach rechts wandern, die runde voraneilen, usw. usw. Das Umsetzen von oben nach unten fällt hier weg.

Es überwiegt also in der Tat der Effekt der Hemmung den der Förderung: Bei Ätherwind kommt der hin und her laufende Strahl etwas später zurück als bei Ätherstille.

§ 65.

Der Vollständigkeit halber sei auch noch auf die umgekehrte Möglichkeit eingegangen, bei Ätherorkan den Lichtstrahl erst mit dem Äther und nachher gegen den Äther laufen zu lassen; auch hier überwiegt die Hemmung und zwar auch zahlenmäßig in genau gleichem Maße.

Dieser Fall ist fast noch charakteristischer, man vergleiche dazu die Fig. 12, die ebenso zu verstehen und zu handhaben ist wie die Fig. 11. Hier eilt das dreieckige Zeichen zuerst voran (Geschwindigkeit 5) das runde (Geschwindigkeit 4) erreicht die Uhr U_5 später, dann aber auf dem Rückweg überholt der Kreis das mit der Geschwindigkeit 3 voranlaufende Dreieck und trifft wieder früher bei U_1 ein.

§ 66.

Die zahlenmäßige Verfolgung beseitigt jeden Zweifel an der Richtigkeit.

Der einfache Weg hin oder her für sich allein ist in jedem Falle 240 cm, nämlich U_1 bis U_5.

Der Normalstrahl legt in einer Minute 4 cm zurück, also die 240 cm in 60 Minuten.

Jeder gehemmte Strahl braucht für 3 cm eine Minute oder für die 240 cm 80 Minuten.

Jeder geförderte Strahl braucht für 5 cm eine Minute oder für die 240 cm 48 Minuten.

Wir haben also:

1. bei Ätherstille: 2 mal 60 Minuten für den Gesamtweg hin und her, im ganzen also 120 Minuten;

2. bei Ätherwind: einmal 80 und einmal 48 Minuten für den Gesamtweg, also im ganzen (einerlei, ob erst gehemmt und dann gefördert oder umgekehrt) 128 Minuten oder 2 Stunden und 8 Minuten, d. h. Überwiegen der Hemmung um 8 Minuten.

§ 67.

Der innere Grund ergibt sich sofort, wenn man die Natur des soeben stillschweigend angewandten Rechnungsverfahrens näher prüft.

Es ist nämlich ein Regeldetriverfahren, und zwar der folgenden Art:

1. bei dem Normalstrahl für 4 cm werden gebraucht 1 Minute, folglich für 240 cm $\dfrac{240}{4}$ Minuten;

2. bei Ätherwind, beim gehemmten Strahl für 3 cm 1 Minute, folglich für 240 cm $\dfrac{240}{3}$ Minuten; beim geförderten Strahl für 5 cm 1 Minute, folglich für 240 cm $\dfrac{240}{5}$ Minuten.

Daher ist die Zeit hin und her

1. für den Normalstrahl: $\dfrac{240}{4} + \dfrac{240}{4}$;

2. bei Ätherwind: $\dfrac{240}{3} + \dfrac{240}{5}$.

Es ist nun eine ganze elementare Eigenschaft der Zahlenreihe, daß

$$\frac{1}{4} + \frac{1}{4}$$

nicht dasselbe ist wie

$$\frac{1}{3} + \frac{1}{5}.$$

Wenn ich eine Reihe von drei Zahlen in gleichem Abstande habe

$$3 \qquad 4 \qquad 5$$

so ist allerdings $4 + 4$ dasselbe wie $3 + 5$, dagegen ist $\frac{1}{4} + \frac{1}{4}$ unter allen Umständen weniger als $\frac{1}{3} + \frac{1}{5}$.

§ 68.

Vielleicht kann ich zur besseren Veranschaulichung noch ein Beispiel aus dem täglichen Leben anführen.

Ein großer Haushalt, vielleicht ein Gasthof, bekommt jeden Morgen 120 Bröte, und zwar 60 Bröte vom Bäcker A und 60 Bröte vom Bäcker B. Der Preis beträgt bei Bäcker A 5 Bröte für 10 $\mathcal{J}$, bei Bäcker B ebenfalls 5 Bröte für 10 $\mathcal{J}$. Demnach wird an Bäcker A täglich bezahlt 1,20 $\mathcal{M}$, an Bäcker B ebenfalls 1,20 $\mathcal{M}$;

im ganzen also 2,40 ℳ. Eines Tages schlägt Bäcker A seinen
Preis auf, er behauptet nämlich, nur 4 Bröte für 10 ₰ liefern zu
können, Bäcker B dagegen geht genau um ebensoviel nach der
anderen Seite und liefert 6 Bröte für 10 ₰. Dann muß also,
wenn nach wie vor von jedem 60 Bröte genommen werden, an A
mehr bezahlt werden, an B weniger. Hebt sich die Vermehrung
und Verminderung im ganzen auf?

An A wird bezahlt für 4 Bröte 10 ₰, also für 60 Bröte 1,50 ℳ,
an B für 6 Bröte 10 ₰, also für 60 Bröte 1 ℳ, im ganzen also
2,50 ℳ gegen 2,40 ℳ vorher, das sind 10 ₰ mehr.

§ 69. Wirkliche Ausführung.

Die tatsächliche Ausführung des Experiments gestaltet sich
in einem Punkte anders. Man macht nicht erstens die Messung
bei Ätherstille und dann zweitens bei Ätherwind; es wäre nicht
möglich, auf diese Weise so geringe Zeitunterschiede zu messen,
wie hier in Betracht kommen. Denn in Wirklichkeit handelt es
sich ja nicht wie bei unserem Modell um einen Zeitunterschied
von mehreren Minuten, sondern, da der ganze Apparat im Labo-
ratorium Platz findet, um eine Zeitdifferenz von weniger als

$$\frac{1}{10\,000\;000\,000\;000\,000}$$

Sekunde. Nebenbei läge auch eine gewisse Schwierigkeit darin,
daß man auf die Ätherstille unter Umständen recht lange warten
müßte.

Es ist aber möglich, beide Messungen, Ätherwind und Ätherstille, gewissermaßen in demselben Augenblick zu machen. Die
Messung bei Ätherstille wird dann durch folgende ersetzt:
Während der gehemmte und verzögerte Strahl naturgemäß genau
in der Richtung des strömenden Äthers laufen muß, schickt man
gleichzeitig einen zweiten Strahl genau senkrecht zu dieser
Richtung zu einem zweiten gleichweit entfernten Spiegel hin
und zurück. Allerdings erfährt dieser zweite hin und her gehende
Strahl ebenfalls eine gewisse Verzögerung gegenüber der Zeit, die
er bei Ätherstille brauchen würde, aber diese Verzögerung ist
kleiner als die des ersten Strahles, infolgedessen kann der zweite
Strahl sehr wohl als Ersatz für den Strahl bei Ätherstille eintreten.

Bei diesem Verfahren reicht die Genauigkeit der Versuchsanordnung bei weitem hin, um den gesuchten Effekt festzustellen. Sie ist sogar noch beträchtlich größer. Es wird nämlich, wie bei allen solchen optischen Experimenten, eine Interferenzerscheinung benutzt, und diese liefert beim Michelson-Versuch noch eine mehr als 20mal größere Genauigkeit.

§ 70. Das Ergebnis.

Die sorgfältigsten und mehrfach mit noch gesteigerter Genauigkeit wiederholten Messungen[1]) haben übereinstimmend das folgende überraschende Resultat geliefert: Der gesuchte Effekt ist Null.

Das heißt, die Erde verhält sich so, als ob immer Ätherstille herrschte. Dieses Ergebnis ist im Hinblick auf die früher angeführten anderweitigen Experimente (§ 47) völlig unannehmbar; nur in ganz seltenen Ausnahmefällen kann infolge Gegeneinanderwirkens verschiedener siderischer Bewegungen die Erde im absoluten Raume ruhen.

§ 71. In Ausweg.

Es liegt dem Leser jetzt vielleicht schon nahe, in dem Ausbleiben des Michelson-Effektes unmittelbar das entscheidende Argument gegen die Existenz des Äthers zu sehen.

Indessen ist es im Hinblick auf den mannigfachen Nutzen der Äthervorstellung ebensowohl zu verstehen, daß die Forschung diesen Weg zunächst nicht beschritten hat. Es gelang H. A. Lorentz[2]) und Fitzgerald[3]), diejenige einzige Hypothese ausfindig zu machen, durch die das negative Resultat des Michelson-Versuchs mit dem Äther in Einklang gebracht werden konnte.

Die Hypothese lautet: Infolge der Bewegung der Erde durch den Äther selber (oder infolge des „Ätherorkans") erfährt die ganze Erde mit allem, was darin und darauf ist, in der Bewegungsrichtung entsprechend der Stärke des Ätherorkans eine

---

[1]) Zusammenstellungen in den Lehrbüchern von Laue und Weinstein.

[2]) H. A. Lorentz, De relatieve beweging van de aarde en den aether Amsterdam Zittingsverslag Akad. v. Wet. (1892), S. 74.

[3]) Vgl. O. Lodge, Aberration problems, London Trans. A. 184 (1893), p. 727.

bestimmte Zusammendrückung. Im Modell: Der die Uhren tragende Kasten wird in seiner Längsrichtung zusammengedrückt, die Uhr U_5, bei der die Reflexion erfolgt, wird um einige Zentimeter nach links verschoben; dadurch wird der Weg verkürzt und so die Verlängerung der Zeit gerade aufgehoben. Wird der Ätherorkan doppelt so stark, also die zu erwartende Verspätung doppelt so groß so wird von selber auch die Zusammendrückung die doppelte usw. Der Erdbewohner selber merkt von der Zusammendrückung nichts, da sie alles auf der Erde befindliche betrifft, also die Vergleichsmöglichkeit fehlt. Der Zahlenwert der Zusammendrückung ist bei der Erde natürlich durch das obige Zahlenverhältnis ein hundertmilliontel gegeben.

§ 72.

Diese Hypothese greift ganz außerordentlich tief in die innerste Natur der Körperwelt ein. Denn was sie für die Erde fordert, müßte für jeden anderen bewegten Körper in gleicher Weise gelten. Die Größe oder die Ausmessungen eines jeden Körpers wären danach durchaus veränderlich, auch der festeste Körper müßte infolge der Bewegung genau dieselben Zusammendrückungen erfahren. Mit dieser universellen Forderung ist die „Kontraktionshypothese" in der Tat der Vorbote des Relativitätsprinzips geworden. Wenn wir bei der letzten der Relativitätsbehauptungen ankommen, werden wir sehen, daß der Schlußstein des Relativitätsgebäudes gerade dieser Lorentzschen Kontraktionshypothese entspricht.

Jedoch geht das Relativitätsprinzip selber i
über die Kontraktionshypothese hinaus.

§ 73. Übergang.

Der Michelson-Versuch ist, wie erwähnt, das frappierendste, jedoch immerhin nur ein einziges aus einer langen Reihe von Experimenten. Alle diese anderen Experimente verfolgten die gleiche Absicht, Störungen zu ermitteln, welche die Vorgänge der elektrischen Naturhälfte durch den Ätherorkan erfahren sollten. Kein einziges aus der ganzen Reihe hat die geringste Störung gezeigt. Alle sind „negativ" ausgefallen.

So wiederholte sich eine ganze Reihe von Malen die Situation, in die die Forschung durch das Fehlschlagen des Michelson-

Versuches versetzt war: Für jeden einzelnen Versuch mußte eine neue Erklärungshypothese gesucht werden, um die nicht vorhandene Einwirkung des Äthers mit der vorausgesetzten Existenz des Äthers in Einklang zu bringen.

Dem Scharfsinn genialer Physiker ist es nun bis auf den heutigen Tag gelungen, für alle die bisher negativ ausgefallenen Versuche Ergänzungshypothesen ausfindig zu machen[1]). Man kann nicht eigentlich sagen, daß das direkte Fehlen von Erklärungen für die immer wiederholten negativen Ergebnisse die zwingende Ursache für die Aufstellung des Relativitätsprinzips gewesen sei. Erklärungen hatte man wohl, aber was man nicht hatte, war eine Erklärung; die Erklärung, welche die ganze Reihe aus einem einzigen Gesichtspunkte erklärte. Dies war der Antrieb, der weiterführte. Hinzu kam die Erwägung, daß das Aufstellen von Ergänzungshypothesen von nun an eigentlich kein Ende nehmen würde, denn jeder neue negative Erfolg mußte eine neue Hilfshypothese nötig machen, wenn es nicht gelang, das erlösende Universalprinzip zu finden.

Achter Abschnitt.

Das neue Relativitätsprinzip.

A. Grundlegung,
Prinzip der konstanten Lichtgeschwindigkeit.

§ 74.

Der Grundgedanke des neuen, den absoluten Raum nebst Weltäther sowie die absolute Zeit vollständig aufgebenden Relativitätsprinzips ist folgender:

Bisher sind alle Versuche fehlgeschlagen, die eine Bewegung der Erde durch den Äther nachzuweisen imstande gewesen wären. Es ist wahrscheinlich, daß auch alle späteren Versuche fehlschlagen werden. Wir wollen annehmen, daß wirklich die Natur

---

[1]) Das ist hauptsächlich das Verdienst von H. A. Lorentz, vgl. z. B. Enzyklopädie der mathematischen Wissenschaften, Bd. V (2), Heft 1. Leipzig, Teubner, 1904.

so eingerichtet ist, daß jeder derartige Versuch fehlschlagen
muß. Wir wollen versuchen, eine gemeinsame Erklärung zu
finden, die mit Notwendigkeit zu dem negativen Ergebnisse
aller und jeder derartigen Versuche führt.

§ 75.

Wir dürfen dabei von vornherein eine wichtige Einschränkung machen. Allerdings sind die bisher angestellten negativen
Versuche sämtlich auf der Erde angestellt worden, also in einem
System, welches sich dreht und Beschleunigungen erfährt. Indessen
läßt sich streng beweisen, daß bei allen diesen optisch-elektri-
schen Versuchen die Rotation und die Beschleunigung der Erde
nicht in Betracht kommt, sondern nur die reine gleichförmig-
geradlinige Fortbewegungsgeschwindigkeit des Augenblicks. (Der
Hauptgrund ist leichtverständlicherweise die enorm kurze Zeit-
dauer aller elektrisch-optischen Veränderungen.)

Infolgedessen nötigen die Tatsachen in keiner Weise zu der
Annahme, daß der negative Ausfall der Ätherexperimente auch
gedrehten und beschleunigten Systemen zukommt. Gesichert ist
nur, daß geradlinig-gleichförmig bewegte Systeme (Inertialsysteme)
den Nulleffekt zeigen. Infolgedessen bezieht das Relativitätsprinzip seine Forderung nur auf die Gesamtheit aller Inertialsysteme. Daß für beschleunigte und rotierende Systeme ebenfalls
eine Gleichwertigkeit bestände, braucht nicht gefordert zu werden
und wird daher auch nicht gefordert. Im Gegenteil behauptet
das Relativitätsprinzip für jedes nicht inertial bewegte System
Abweichungen von den für Inertialsysteme geltenden Ergebnissen,
genau wie das ja das alte mechanische Relativitätsprinzip i
seinem Geltungsbereiche auch getan hatte[1]).

Beschleunigte und rotierende Systeme scheiden daher für
unsere folgenden Betrachtungen aus, denn die entscheidenden
Grundgedanken des Relativitätsprinzips gründen sich eben darauf,
daß in der Gesamtheit aller Inertialsysteme jede Wirkung des
Ätherorkans Null sein soll.

Nach wie vor kann dabei ie Erde angenähert als Inerti
system aufgefaßt werden.

---

[1]) Vgl. H. Witte, Verh. d. D. Phys. Ges. 16, 142—150 (1914).

§ 76.

Es liegt auf der Hand, daß es ein Ding der Unmöglichkeit sein muß, alle irgendwie denkbaren ausgeführten und noch auszuführenden Experimente, alle irgendwie möglicherweise zur Entscheidung brauchbaren Äthervorgänge gewissermaßen mit einem einzigen Griff zusammenzufassen und mit einem Schlage unter gleichzeitiger Berücksichtigung aller Einzelerscheinungen zugleich den neuen Unterbau hinzuzaubern.

Es ist nur der folgende Weg denkbar: Man greift irgend einen Erscheinungskomplex heraus, der für die elektrische Hälfte der Natur charakteristisch ist und möglichst viele Einzelheiten umfaßt. Diesem Komplex paßt man die neue Theorie an; daß es dann wirklich die alles umfassende Universaltheorie wird, ist, wenn man will, Glückssache, richtiger Intuition.

Umfassen muß das neue Prinzip selbstverständlich die ganze Natur, sowohl die elektrische wie auch die mechanische Hälfte. Denn wenn es nicht alles umfaßt, können, genau wie beim alten Relativitätsprinzip, die Folgerungen wieder nicht für „Den Raum" und „Die Zeit" selber ausgesprochen werden.

In dieser Forderung der Universalität liegt eine besondere Schwierigkeit. Denn für die gesamte mechanische Naturhälfte gilt ja nach bisheriger wissenschaftlicher Einsicht das alte Relativitätsprinzip; wird jetzt ein anderes Prinzip als allgemein verbindlich gefordert — und das neue Relativitätsprinzip ist, wie wir sehr bald sehen werden, in der Tat anders als das alte —, so liegt darin die Behauptung eingeschlossen: die ganzen bisher für gesichert gehaltenen Gesetze der mechanischen Naturhälfte beruhen auf mehr oder weniger ungenauen Beobachtungen und sind nur angenähert richtig.

§ 77.

Heben wir nochmals scharf hervor:

Erstens: Ob die Theorie, welche wir jetzt skizzieren werden, also „Das Relativitätsprinzip", wirklich alle Naturvorgänge umfaßt, das müssen wir hier offen lassen und das ist zugleich diejenige große Frage, welche auch für die Wissenschaft zurzeit noch offen steht und an deren universeller Beantwortung die Richtigkeit der neuen Theorie hängt. In unserer früheren Ausdrucksweise: Ob das materielle Kriterium M, Erfülltheit der Naturgesetze, in all den Systemen, die gleichwertig sein sollen, wirklich erfüllt ist, das steht zum Teil noch dahin.

Zweitens: Unsere eigene Darstellung hat sich daher im wesentlichen mit dem Kriterium F der formellen Gleichwertigkeit der neuen Raum-Zeitsysteme zu befassen.

Diese formell gleichwertigen neuen raumzeitlichen Systeme rein als Raum- und Zeitgebilde selber aufzufinden und zu durchdenken, das ist jetzt der Kern unserer Aufgabe.

Drittens der Grundgedanke der Herleitung selber: Für die Entwickelung der Systeme selber mit ihren neuen raum-zeitlichen Eigenschaften brauchen wir irgend einen Erscheinungskomplex als Leitfaden. Einstein, nächst Lorentz der eigentliche Begründer des Relativitätsprinzips, hat dazu denselben Erscheinungskomplex gewählt, auf dessen Boden der Michelson-Versuch gewachsen war, also die Optik. Einstein stellt für diesen ganzen Erscheinungskomplex die umfassende Grundannahme auf: Wir wissen, daß der Michelson-Effekt im bewegten Inertialsystem (Ätherstrom) ebenso Null ist wie im Ruhsystem (Ätherstille); wir kennen einige nahe verwandte Versuche, bei denen ebenfalls der Effekt der Ätherströmung Null ist; wir nehmen an, die „Ätherströmung" hat überhaupt keinen irgendwie beobachtbaren Einfluß auf die Fortpflanzungsgeschwindigkeit des Lichtes; die wirklich gemessene Lichtgeschwindigkeit ist bei beliebig starkem Ätherstrom dieselbe wie bei Ätherstille[1]).

Es ist aber wohl zu bemerken, daß in dieser Verallgemeinerung eine Hypothese liegt. Man nennt sie kurz das Prinzip der Konstanz der Lichtgeschwindigkeit. Dies Hilfsprinzip ist also für Einstein bewußtermaßen der Führer zum Relativitätsprinzip gewesen und soll auch uns als Leitfaden dienen.

§ 78.

Vier verschiedene Forderungen sind es, die auf diesem Wege gewonnen werden und, in festem, logischem Zusammenhange miteinander stehend, das neue Relativitätsprinzip verkörpern. Zwei beziehen sich auf den Raum, zwei auf die Zeit. Wir bezeichnen die beiden ersten mit R I und R II, die beiden anderen mit Z I

---

[1]) A. Einstein, Zur Elektrodynami 891 (1905); u. a. a. O.

und Z II; wir deuten damit an, daß sie die Relativierungen der oben aufgestellten vier absoluten Raum- und Zeitpostulate R I, R II, Z I, Z II sind.

Nach den dort geleisteten Vorarbeiten und mit Hilfe des Modells ergeben sich diese abschließenden Entwickelungen verhältnismäßig schnell.

B. Die Relativierungen von der ersten Ordnung.

§ 79. Die Relativierung der Raumeigenschaft R I.

Wir gehen hier wie im folgenden von der Erde aus, die wir uns ja als Inertialsystem denken dürfen. Unser Modell bedeutet also die Erde, zunächst mit Ätherstille, dann mit Ätherstrom (immer von rechts nach links).

Der Lichtvorgang soll derselbe sein bei Ätherstille wie bei Ätherstrom. Nehmen wir die Forderung zunächst als solche hin, ohne zu prüfen, durch welche weiteren Annahmen sie erfüllt werden kann (vgl. § 77), dann sagt die Forderung als solche, das bewegte Inertialsystem (Ätherstrom) soll dem ruhenden (Ätherstille) gleichwertig sein. Das ist zunächst, rein formell, genau wieder die uns schon bekannte Forderung R I des alten Relativitätsprinzips.

Die formelle räumliche Gleichwertigkeit, ohne Rücksicht auf die neue Forderung der konstanten Lichtgeschwindigkeit, ist beim alten Relativitätsprinzip bereits bewiesen worden (vgl. § 43, Fig. 8).

§ 80. Die Relativierung der Zeiteigenschaft Z I.

Nun kommt allerdings hier neu hinzu, daß die Gleichwertigkeit überhaupt erst hergestellt werden muß rücksichtlich der Forderung: die Lichtfortpflanzungsgeschwindigkeit soll bei Ätherstrom nicht kleiner (Hemmung) und nicht größer (Förderung) gemessen werden wie bei Ätherstille.

Vorläufig ist diese Forderung ganz und gar nicht erfüllt. Wie die Halbvorgänge des Michelson-Versuches zeigten, ist gegen den Ätherstrom eine beträchtliche Hemmung und mit dem Ätherstrom eine beträchtliche Förderung vorhanden, beide gegeben durch das Größenverhältnis 1:10000. Die Lorentzsche Kontraktionshypothese nützt hier gar nichts, denn sie kann nur das geringe Überwiegen der Hemmung über die Förderung kompensieren (1 : 100 000 000, Effekt zweiter Ordnung). Die Hemmung allein und die Förderung allein bestehen noch unvermindert fort. Im Modell ist die Größenordnung die folgende (vgl. nochmals Fig. 10):

Die normale Welle legt in einer Minute 4 cm zurück, also die 60 cm von einer Uhr zur anderen in 15 Minuten (einer Viertelstunde). Die gehemmte Welle legt in einer Minute nur 3 cm zurück, braucht also für denselben Uhrenabstand 20 Minuten. (Geförderte Welle entsprechend.) Die Verspätung der gehemmten Welle ist also außerordentlich groß, nämlich 5 Minuten auf eine Viertelstunde. Das ist im Modell die „erste Größenordnung". (Die zweite ist eine Minute auf eine Viertelstunde, denn die Michelson-Verspätung war acht Minuten auf zwei Stunden).

Welches ist die Fundamentalhypothese, die mit einem Schlage diesen Effekt erster Ordnung und alles, was sich darauf aufbaut, aufhebt?

§ 81.

Wir setzen auf die sämtlichen 5 Uhren die Zeiger auf, natürlich mit gleicher Nullpunktstellung, entsprechend der absoluten Zeiteigenschaft ZI, und betrachten weiter die gehemmte Welle, denken uns also umbraust vom Ätherorkan. Unsere fünf Uhren müssen deshalb nach früherer Festsetzung[1]) jetzt mit Strichen bezeichnet werden, U_1', U_2', U_3', U_4', U_5'.

Die Welle verläßt die Uhr U_1' um voll, kommt 5 Minuten zu spät zur Uhr U_2', 10 Minuten zu spät nach U_3' usw. Das ist der Effekt des Ätherorkans.

Soll dieser Effekt für uns unwahrnehmbar werden, so ist die Lösung nur eine: unsere Uhren müssen falsch gehen. Und zwar muß die Uhr U_2' fünf Minuten nachgehen gegen die Uhr U_1', die Uhr U_3' wieder fünf Minuten nach gegen die Uhr U_2', U_4' fünf Minuten nach gegen U_3' usw.

Es muß also, als die Welle um voll von U_1' abging, die Uhr U_2' fünf Minuten vor voll gezeigt haben, die Uhr U_3' zehn Minuten vor voll usw., jede „Vorderuhr" (denn der Äther strömt von rechts nach links, das System bewegt sich von links nach

---

[1]) Vgl. die Anmerkung zu § 38.

rechts, U_5' ist also „vorn") muß von selber fünf Minuten gegen die „Hinteruhr" nachgehen.

In der Tat kommt dann die Welle nach U_2', wenn U_1' ein viertel zeigt, nach U_3', wenn es dort halb ist usw.; die Lichtfortpflanzungsgeschwindigkeit ergibt also in der Tat denselben Wert wie bei Ätherstille: von Uhr zu Uhr eine Viertelstunde (man vgl. dazu die Fig. 13 und 14).

Man mißt auch bei Ätherstrom diesen Wert, weil die eigenen Uhren falsch gehen. Das Falschgehen selber kann man sich verständlich machen, indem man von einem früheren Augenblick ausgeht, wo Ätherstille geherrscht hat; als dann der Ätherorkan begann, sind die sämtlichen Uhren (und entsprechenden Meßinstrumente) in der Rotation ihres Räderwerks gehemmt worden, und zwar ganz naturgemäß die vorn befindlichen, die den Hauptprall abzuhalten hatten, am meisten. So kommt es, daß jetzt, beim gleichmäßigen Ätherstrom, die Uhren, jede Vorderuhr gegen die Hinteruhr, nachgehen.

Das ist die erste Stufe, die Stufe der Falschmessung; genau wie in § 43, als bei dem alten Relativitätsprinzip die absolute Eigenschaft R I in Frage gestellt wurde, der Moment, wo es hieß: mein System ruht, Du bewegst Dich — aber ebenso, wie wir von da aus nur noch zwei kleine Schritte bis zur Relativierung der Eigenschaft R I hatten, genau so ist es hier mit der Eigenschaft Z I. Wir stehen unmittelbar vor ihrer Relativierung.

§ 82.

Wir selber, im Ätherstrom, mit falsch gehenden Uhren, können deren Falschgehen nicht merken. Aber wir müßten es doch sehen! Ja, was heißt „sehen"? Wenn ich etwa von U_2' nach U_1' hinsehe, wenn U_2' ein viertel zeigt, sehe ich dann, U_1' steht in Wirklichkeit fünf Minuten weiter? Was ich sehe, in diesem Augenblick, wo meine Uhr U_2' ein viertel zeigt, von U_2' aus sehe, das ist der Lichtstrahl, der in diesem Augenblick von U_1' aus ankommt. Dem Lichtstrahl ist ja aber gerade der ganze Uhrengang angepaßt; dieser Lichtstrahl kann mir weiter gar nichts sagen, als daß er um voll von U_1' abgegangen ist; das „sehe" ich in diesem Augenblick von U_2' aus: das „Sehen" kann mir also gerade nur die Täuschung bestätigen, daß das Licht in meinem System trotz des Ätherstroms mit normaler Geschwindig-

Fig. 13.

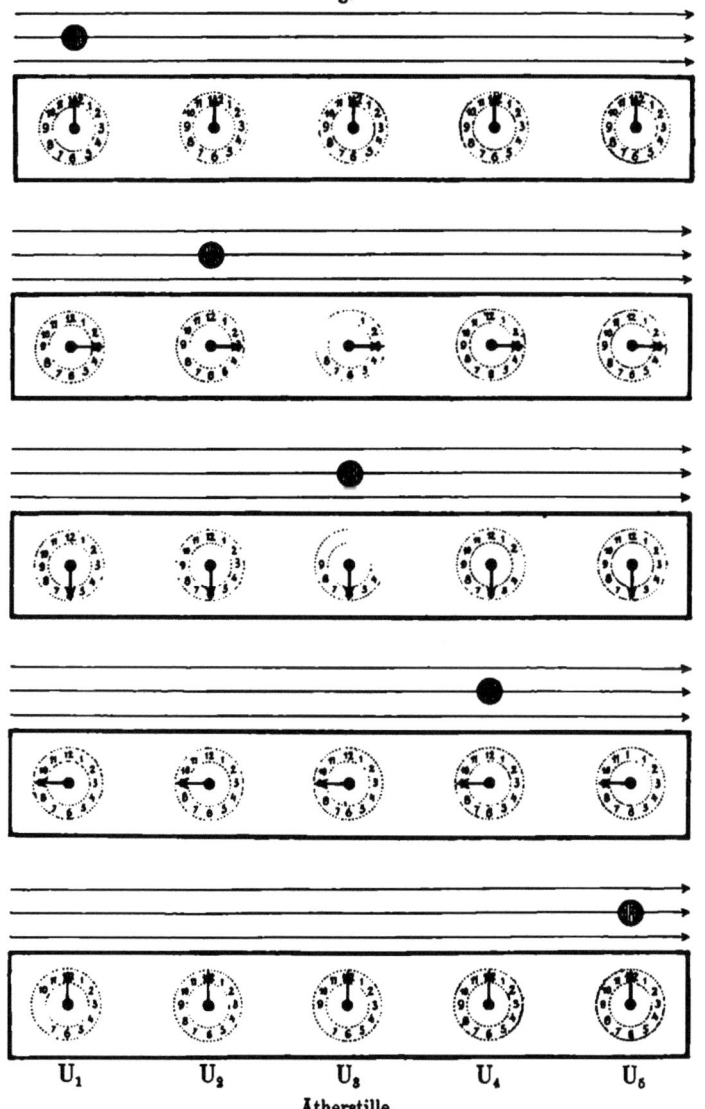

U_1 U_2 U_3 U_4 U_5

Ätherstille.

Fig. 14.

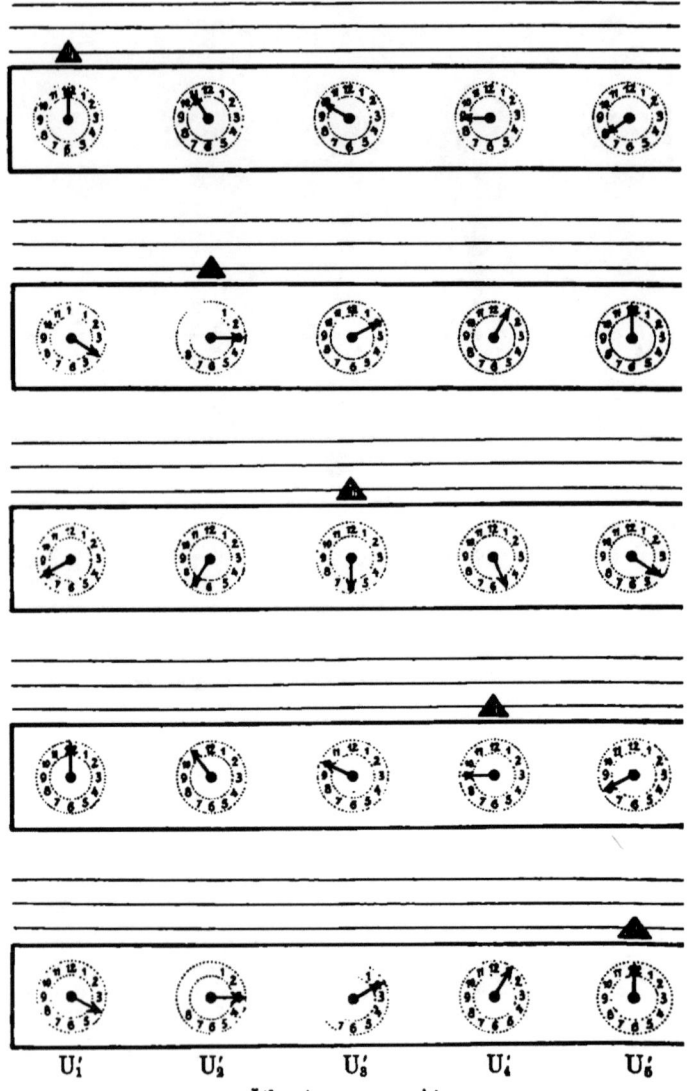

Ätherstrom von rechts.

keit liefe, nicht aber mit dazu dienen, das Falschgehen meiner
eigenen Uhren zu erkennen[1]).

§ 83.

Gibt es denn überhaupt gar kein Mittel, um die eigene Falschmessung wahrzunehmen?

Das eigene System scheidet aus. Wie ist es aber, wenn uns
fremde Systeme (Weltkörper) begegnen? wenn wir deren Uhren
mit den unseren vergleichen, da müßten wir doch unsere Falschmessung bemerken!

Aber die Uhren der fremden Systeme gehen selber alle falsch,
sie können uns keine Norm geben.

Nur in einem Falle wäre das möglich, nämlich wenn wir
einem fremden System begegnen, das zufällig gerade im Äther
ruht. Dessen Uhren müßten wegen der Ätherstille alle richtig,
mit gleicher Zeitangabe (gleicher Nullpunktseinstellung) gehen;
das müßten wir sehen, das würde uns auffallen, so würden wir
durch Vergleich unsere eigene Falschmessung erkennen.

§ 84.

Gewiß, das sollte man denken.

Aber die Sache ist ganz genau so, wie wenn vorher bei der
Diskussion über R I der Insasse des bewegten Systems sagte: Ich
sehe ja ein, daß ich bewegt bin, kann ich an meinem eigenen
System nicht merken; aber wenn ich an einem ruhenden Körper
vorbeikomme, dann müßte ich es doch merken, denn der andere
ruht ja eben, und ich bin bewegt...

Was sieht man wirklich? Der zufällig im Äther ruhende
Körper bewegt sich von uns aus gesehen von rechts nach links,
mit der Geschwindigkeit des Ätherstromes (1 cm in der Minute),
denn indem er im Äther ruht, teilt er, von uns aus beurteilt, die
strömende Bewegung des Äthers. Wir wollen diesen Normalkörper

---

[1]) Jedes Einstellen einer Uhr nach einem Lichtsignal (z. B. „Zeitball")
ist, genau genommen, mit diesem Fehler verknüpft. Merkbar kann der
Fehler bei Einstellung nach einem Schallsignal werden, wenn starker
Wind weht. (Einer freundlichen Mitteilung von Herrn Prof. Bruncke in
Wolfenbüttel zufolge kann ich als Beispiel anführen, daß die Einwohner von
Rom ihre Uhren vielfach nach einem auf der Engelsburg um 12 Uhr mittags
abgefeuerten Kanonenschuß stellen.)

durch einen eben solchen Kasten mit fünf Uhren veranschaulicht denken wie unser Erdsystem; und zwar soll der Normalkörper ganz hart über unser System weggleiten, letzteres deshalb, damit wir nicht noch die Zeit in Rechnung setzen müssen, die das Licht braucht, wenn zwei direkt übereinander befindliche Uhren verglichen werden sollen. Allerdings können wir das aus Konstruktionsgründen nicht so herstellen, im ausgeführten Modell ist der zweite Kasten ungefähr ebenso hoch angebracht, wie die Uhren von einander abstehen. Indessen haben wir uns ja bereits daran gewöhnt, in dieser Beziehung das Modell eben als Modell zu betrachten.

§ 85.

Gehen wir nun etwa von der Uhr U_3' aus. Die Uhr des Normalsystems, die sich in einem bestimmten Augenblick darüber

Fig. 15.

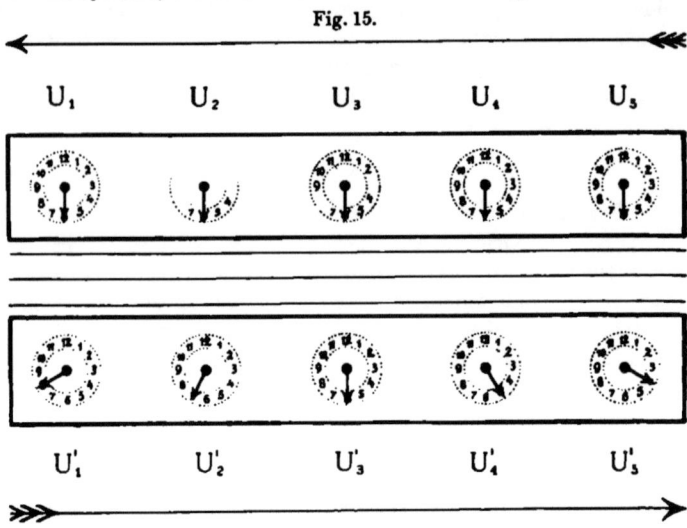

befindet, heißt U_3. Über U_1' sei die Uhr U_1, über U_2' U_2 usw. Um vergleichen zu können, nehmen wir an, U_3 und U_3' ständen zufällig im Beobachtungsaugenblick gleich, beide etwa auf halb. Dann zeigt U_1' in diesem Augenblick 10 Minuten über halb, U_2' 5 Minuten über, U_4' 5 Minuten vor und U_5' 10 Minuten vor halb; dagegen alle Uhren im Normalsystem U_1, U_2, U_3, U_4, U_5 übereinstimmend genau halb (vgl. Fig. 15).

Was sieht man nun im „gestrichenen", was im Normalsystem? „Hinsehen" nach den Uhren weiter vorn und weiter hinten kommt aus den oben angegebenen Gründen wieder nicht in Betracht. Es bleibt allein übrig der unmittelbare gegenseitige Vergleich zweier genau untereinander befindlicher Uhren.

Das Normalsystem erklärt selbstverständlich: Vergleiche ich Eure Uhr U_1' mit meiner U_1, so steht Eure U_1' 10 Minuten über halb, also 10 Minuten zu früh; Eure U_2' geht vor meiner U_2 5 Minuten vor; Eure U_3' geht zufällig richtig, Eure U_4' hinter meiner U_4 5 Minuten, U_5' hinter U_5 10 Minuten nach, usw., Eure Uhren gehen also allesamt, Vorderuhr gegenüber der Hinteruhr, um je 5 Minuten nach.

Muß nun der untere, „gestrichene" Beobachter das zugeben? Nein!

Gewiß kann er sagen: Jawohl, meine U_1' geht vor Eurer U_1 10 Minuten vor, U_2' 5 Minuten vor, U_4' 5 Minuten nach usw. Aber es kann ihm keine Macht der Welt verwehren, das auch umgekehrt auszudrücken und zu sagen: Eure U_1 geht hinter unserer U_1' 10 Minuten nach, Eure U_2 hinter unserer U_2' 5 Minuten nach, Eure U_3 zufällig richtig, U_4 5 Minuten vor, usw. usw. Und dann weiter auch die umgekehrte Zusammenfassung hinzustellen: Eure Uhren gehen (oben, im Normalsystem, Ätherstrom, ist links vorn) von vorn nach hinten jede Vorderuhr gegenüber der Hinteruhr 5 Minuten nach; unsere Uhren gehen alle richtig, gehen alle gleichzeitig, haben übereinstimmende Nullpunktslage — denn die einzigen, die uns das streitig machen wollen, seid ja Ihr; und Eure Uhren gehen eben falsch [1]).

§ 86.

Es ist nicht möglich, den Streit zugunsten einer der beiden Parteien zu schlichten; es bleibt nur eine Lösung: beide haben Recht.

Genau dieselbe Relativierung, die wir oben an der Raumeigenschaft R I vollzogen haben, erfährt damit auch die absolute Eigenschaft Z I der Zeit. Wie bei R I die dauernde Ruhe „des Raumes", so wird jetzt bei Z I die gleiche Nullpunkts-Einstellung

---

[1]) Daß das Sehaubild des Modelles, wie wir es beim Betrachten haben (oder etwa photographieren), nicht herangezogen werden kann, braucht nach den obigen Betrachtungen über „Sehen" wohl kaum hervorgehoben zu werden.

„der Zeit" an verschiedenen Orten relativiert. Jedes Inertialsystem hat eine andere räumliche Einstellung der Uhren; jedes kann seine Uhreneinstellung für richtig und die aller anderen Systeme für falsch erklären; das Ruh-Inertialsystem geht in der unendlichen Gesamtschar unter als ein auch in der Zeitmessung nicht im geringsten bevorrechtigtes Glied der Gesamtheit; ebensowenig wie einen absoluten Raum gibt es eine absolute Zeit, denn bei beiden ist die absolute Nullpunkts-Eigenschaft, R I wie Z I, gefallen.

Soviel an dieser Stelle; über die außerordentlichen Konsequenzen dieses neuen Schrittes nachher im Zusammenhang.

Jetzt erst zu der Relativierung der Eigenschaften II, durch welche der Ring geschlossen wird.

C. Die Relativierungen von der zweiten Ordnung.

§ 87.

Die Änderungen, welche die Eigenschaften R II und Z II erfahren, sind von kleinerer Größenordnung, nämlich von der zweiten; also in Wirklichkeit 1:100000000; im Modell etwa 1:16, rund 1 Minute auf 1 Viertelstunde, während die erste Größenordnung in Wirklichkeit durch 1:10000, im Modell in der bisherigen Betrachtung durch 5 Minuten auf 1 Viertelstunde gegeben ist.

Es läßt sich leicht einsehen, daß die bisherige Betrachtung eine Ungenauigkeit enthält, und zwar gerade von der zweiten Größenordnung (1 Minute).

Wir versetzen uns zu diesem Zweck bis auf weiteres auf den Standpunkt zurück, für den die Uhrenstellung im Erdsystem S' „falsch" war, jede Vorderuhr gegenüber der Hinteruhr 5 Minuten zurück.

Diese Annahme, eine Uhrenverstellung um je 5 Minuten, gründete sich auf eine Welle, die gegen den Ätherstrom lief, von links nach rechts. Diese Welle wurde gehemmt, und brauchte für den Uhrenabstand statt 15 Minuten 20 Minuten; daher die Verstellung von vorn nach hinten um 5 Minuten. Nun hat aber das gleiche Recht ein Strahl, den man umgekehrt laufen läßt, von U_5' nach U_1'. Dieser wird durch den Ätherstrom gefördert, er braucht nach § 66 von Uhr zu Uhr nur 12 Minuten, also 3 Minuten zu wenig. Soll die Zeit wieder als „15 Minuten" gemessen werden, so muß U_1' gegen U_5' 3 Minuten vorgehen, ebenso

U_3' gegen U_4' usw. Man gelangt also, umgekehrt ausgedrückt, wieder zu der Forderung, daß die Uhren im gestrichenen System, jede Vorderuhr gegenüber der Hinteruhr, nachgehen, aber di ifferenz ist jetzt nicht 5, sondern 3 Minuten.

Die beiden Forderungen sind offenbar miteinander unverträglich. Es geht nur so, daß man sich auf einen Mittelwert für die Uhrennullpunktsdifferenz einigt, also 4 Minuten, und die entstandene Lücke anderweitig zustopft.

Dies geschieht durch die Glieder zweiter Ordnung.

§ 88. Eine Zeitbetrachtung.

Ich will zunächst zeigen, wie man an der Hand des Modelles selber die Notwendigkeit gerade des Einführens derjenigen beiden Effekte zweiter Ordnung, die das Relativitätsprinzip fordert, einsehen kann.

Wir gehen zurück zu der Begegnung des Erdsystems und eines Normalsystems und beginnen mit der Zeit. Ob wir für die „falsche" Uhrstellung unseres Erdsystems von Uhr zu Uhr 5 oder 4 oder 3 Minuten einsetzen, ist für das Prinzipielle der folgenden eigenartigen Betrachtung gleichgültig; wir wollen daher gleich den Mittelwert 4 Minuten nehmen (so in Fig. 16 a).

Es ist richtig, wenn man in einem bestimmten Moment hin- und herüber die Uhren vergleicht, dann ist völlige Gleichwertigkeit der beiden Systeme vorhanden.

Wir sagten oben, eine andere Vergleichung ist unmöglich, denn das Hinsehen nach den anderen Uhren nützt uns nicht. Indessen ist dabei eins übersehen. Gehen wir etwa wieder aus von U_3', so ist die Uhr U_3 ja nur in dem einen Beobachtungsmoment über dieser unserer Uhr U_3'; eine gewisse Zeit später schwebt dieselbe Uhr U_3 über unserer Uhr U_2', wieder ebensoviel später über U_1' usw.; was beobachten wir dann?

Stellen wir zunächst fest: diese Zeit bis zum Erreichen der nächsten Uhr beträgt „in Wirklichkeit" eine Stunde. Denn der obere Kasten folgt dem Ätherstrom und legt daher in der Minute 1 cm nach links zurück; den Uhrenabstand, 60 cm, also in einer Stunde (im Modell ist vermittelst eines mit den beiderseitigen großen dreifachen Rädern koaxialen kleinen Rades eine entsprechende Zugvorrichtung vorgesehen; der Durchmesser des kleinen

Rades ist ¹/₄ vom Durchmesser des zum normalen Lichtstrahl gehörenden Mittelrades).

Was urteilt man nun von der Erde aus (unterer Kasten), die falsche Uhrenstellung hat (Differenz je 4 Minuten), aber diese ihre

Fig. 16 a.

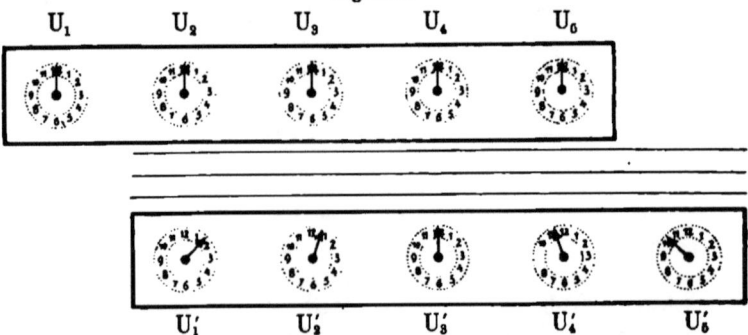

falsche Einstellung der Nullpunkte nicht weiß, über die von Ort zu Ort weiter verfolgte Uhr U_3? (man vgl. Fig. 16 a und b).

Als die Uhr U_3 über U_3' stand, mögen, der Einfachheit halber, beide gerade „voll" gezeigt haben. Dann zeigt U_3, wenn sie über

Fig. 16 b.

U_2' ankommt, wieder voll, denn die verflossene Zeit ist wirklich eine Stunde. Aber vom gestrichenen System aus fällt man notwendigerweise ein ganz anderes Urteil. Denn wenn U_3 über U_2' ankommt, dann steht allerdings U_3' wieder auf voll, denn U_3' zeigte vor einer Stunde voll, jetzt ist eine Stunde vergangen, also muß sie wieder voll zeigen. Die Uhr U_2' aber, auf die es jetzt ankommt, ging vor einer Stunde gegenüber U_3' 4 Minuten vor und geht daher auch jetzt 4 Minuten vor, steht also auf 4 Minuten über voll. Infolgedessen muß jetzt das gestrichene System (Erde) über die Uhren des ungestrichenen folgendes Zusatzurteil fällen: Eure Uhrzeiger laufen zu langsam; denn wenn meine, richtigen, Uhren 1 Stunde 4 Minuten weiter sind, hat einer von Euren Uhrzeigern, den wir fortwährend kontrolliert haben, erst eine Stunde zurückgelegt. Also laufen Eure Uhren wirklich zu langsam, und zwar auf 1 Stunde 4 Minuten, oder, wie oben immer verglichen wurde, auf 1 Viertelstunde 1 inute. Demnach ein Fehler von der zweiten Ordnung, aber deutlich zu bemerken.

Von hervorragender Wichtigkeit ist dabei dies: dies Urteil bildet sich das Erdsystem, im Ätherstrom, nur infolge des Falschgehens seiner Uhren; von dem Normalsystem erfolgt ein entsprechendes Urteil nicht. Vergleicht man von dort aus etwa die Uhr U_2' nacheinander während der Vorbeibewegung mit den Uhren U_2, U_3, U_4 usf., so konstatiert man gleichmäßig immer oben wie unten Ablauf einer Stunde, denn oben gehen alle Uhren wirklich überein.

Infolgedessen ist damit die Symmetrie zwischen den beiden Systemen gestört; um die Gleichwertigkeit wieder herzustellen, ist gerade die Einführung eines neuen Zeiteffektes eben dieser zweiten Größenordnung eine zwingende Notwendigkeit.

§ 89. Eine Raumbetrachtung.

Ganz entsprechend beim Raume.

Was ist die der vorigen Zeitbetrachtung „entsprechende" räumliche Überlegung?

Bei der Zeit hieß es: Wir, im Erdsystem S', fassen eine Uhr des Normalsystems S, das sich an uns durchschiebt, ins Auge, und zwar zu verschiedenen Zeiten;

1. wir lesen ab, wieviel die betreffende Uhr unseres Systems in den beiden Zeitpunkten zeigt;
2. wir lesen ab, wieviel die betrachtete Uhr des anderen Systems in den beiden Zeitpunkten zeigt;

so stellten wir fest, wie groß die zeitliche Distanz der beiden Zeitpunkte in den beiden Systemen ist, und dadurch gelangten wir, von uns aus, zu dem Ergebnis: im anderen System läuft die Zeit langsamer. Das Wesentliche in der Ausführung war: wir vergleichen den zeitlichen Abstand zwischen zwei Zeitpunkten im System S' mit dem zeitlichen Abstand zwischen zwei entsprechenden Zeitpunkten im System S (und umgekehrt).

Die entsprechende räumliche Betrachtung lautet: Wir vergleichen den räumlichen Abstand zwischen zwei Raumpunkten im System S' mit dem räumlichen Abstand zwischen zwei entsprechenden Raumpunkten im System S (und wieder umgekehrt). Die Ausführung ist fast noch einfacher als bei der Zeit.

Wir nehmen als zu vergleichenden Abstand den objektiv gleichen Abstand zweier Uhren, in jedem der beiden Systeme nach Voraussetzung 60 cm. Jedes der beiden Systeme legt sich also ein 60 cm - Lineal bereit, es liege etwa bei der Mitteluhr beiderseits mit dem Punkt Null und bei der nächsten nach rechts mit dem Punkt 60. Man vergleiche für die folgende Überlegung Fig. 17a und 17b.

Das System S' kann nicht zu dem Urteil gelangen, daß die Uhren in S wirklich 60 cm voneinander abständen. Das kommt wieder von der, S' nicht bekannten, Nullpunktsdifferenz der Uhren des Systems S', es geht so zu: Wenn S' messen will, ob die Uhren in S wirklich auch 60 cm voneinander abstehen, wie er es bei seinen eigenen S'-Uhren jeden Augenblick nachmessen kann, dann muß er eben in irgend einem Moment — wann er nun gerade die Messung ausführen will — den Abstand zweier über ihm schwebenden Uhren des Systems S messen. Was heißt aber für S' „in einem Moment"? Sagen wir, die Messung soll geschehen, „um voll", und zwar sollen die Endpunkte des Lineals etwa die Uhren U_5' und U_4' sein. Es ist nun ganz einerlei, welche zwei benachbarten Uhren wir nehmen, immer ist der Zeitpunkt „voll" bei den beiden Uhren überhaupt nicht derselbe, denn die rechte geht gegen die linke (bei dem immer vorausgesetzten Ätherwind von rechts) einige Minuten nach. Unserer neuerlichen Festsetzung zufolge sind es 4 Minuten, es könnten aber ruhig auch 3 oder 5 sein, darauf kommt es gar nicht an, das Wesentliche ist nur: die rechte Uhr geht gegen die linke, U_4' gegen U_5', ein paar Minuten nach. Wenn es in U_5 voll ist, also von U_5' aus das linke Ende des 60 cm-Lineals hinübergehalten wird, ist es in U_4' erst etwa 4 Minuten vor voll, erst 4 Minuten später wird das rechte Ende, bei U_4'

an das System S angelegt. Entsprechendes gilt dann natürlich
für alle Zwischenpunkte des Lineals, der Linealpunkt 30 cm kommt
nach 2 Minuten hinüber. Das ganze Lineal wird also von selber,
ohne daß man es weiß, mit einer leichten Drehung hinübergeführt,

Fig. 17 a.

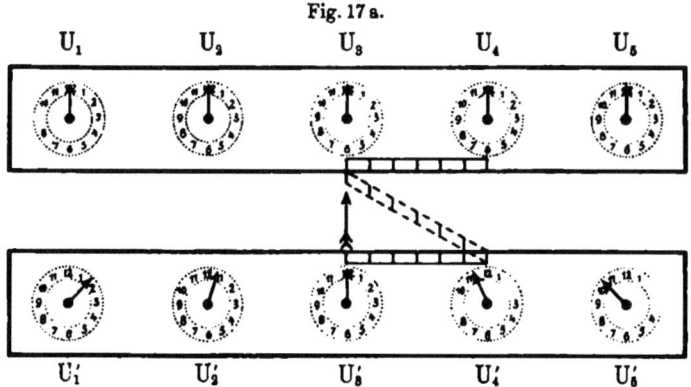

so daß der rechte Punkt erst später mißt; der letzte Punkt, ganz
rechts, volle 4 Minuten zu spät. Diese 4 Minuten reichen aber
wieder hin, um die ganze Messung um einen Betrag zweiter Ord-

Fig. 17 b.

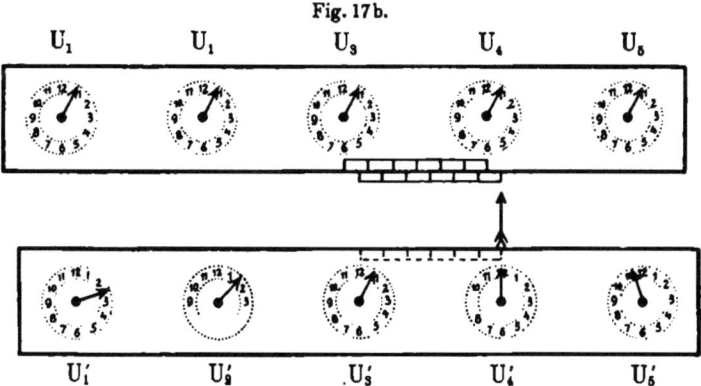

nung zu fälschen. Denn 4 Minuten später schwebt die obere
Uhr U_4' nicht mehr über U_4, das ganze System S bewegt sich ja
gegen uns in einer Minute 1, also in 4 Minuten 4 cm nach links;
infolgedessen treffen wir mit unserem Punkt 60' nicht den Punkt

60 von S, sondern den Punkt 64 (ebenso unser Punkt 30′ den Punkt 32, usw.). So müssen wir urteilen: unseren 60′ cm — die wir natürlich für „wirkliche 60 cm" halten, genau wie unsere Uhrangaben für wirkliche Zeit — entsprechen im System S 64 cm, also — es bleibt kein anderes Urteil übrig — das System S hat eine Zusammendrückung erfahren, und zwar im Verhältnis 4 auf 64, das ist 1 zu 16, also von der zweiten Größenordnung.

S kann wieder seinerseits zu einem solchen Urteil über S' nicht kommen, denn dies merkwürdige Kontraktionsurteil von uns, S', über das Normalsystem S kommt ja wieder nur davon, daß unsere Uhren falsch gehen. Die Uhren von S haben richti Nullpunktsstellung, deshalb ist von S aus ein solches Subjektivitäts-Urteil unmöglich; der Nachweis im einzelnen kann als selbstverständlich wohl unterbleiben.

§ 90.

Dagegen wollen wir eins hervorheben: es erscheint hier, bei den Gliedern zweiter Ordnung, eine Kontraktion; dem Zahlenwert nach genau sólch eine Kontraktion, wie sie Lorentz und Fitzgerald angenommen hatten, um gegenüber dem negativen Michelson-Versuch den Äther zu retten. Hier tritt plötzlich eine eben solche Kontraktion bei der Anti-Äthertheorie auf; freilich in ganz anderem Gewande, nämlich vorläufig als subjektives Fehlurteil infolge subjektiver Falschstellung der Uhren unseres Eigensystems S'. Nun ist es aber an der Zeit, uns zu erinnern, daß wir über die Auffassung, unsere Uhren gingen „falsch", im Grunde schon hinausgeschritten waren; gerade diese anfänglich anscheinende Falschmessung hatte ja die Pforte zu dem Universalstandpunkt der Relativität aufgetan. Es eröffnet sich die Möglichkeit, daß auch die alte, bisher einzige, Erklärung des Michelson-Effektes in neuer, relativistisch geläuterter Form in die neue Theorie, sie stützend und vervollständigend, eingeht: Der Ring beginnt sich zu schließen.

§ 91. Die Relativierung der Zeiteigenschaft Z II.

Unser System S' fällt über die Uhrgeschwindigkeit von S das Putativurteil: Eure Uhren laufen um $1/_{16}$ zu langsam; das Normalsystem S fällt dies Urteil über S' nicht.

Dadurch ist die Gleichberechtigung gestört. Das System S nimmt gegenüber diesem S' und gegenüber allen anderen Systemen wieder eine Sonderstellung ein: denn es ist das einzige System, von dem aus betrachtet alle anderen Systeme ebenso schnellen Uhrablauf haben, wie das Beobachtungssystem selber.

Die Bevorzugung verschwindet, sobald für jedes System S' die Zusatzannahme gemacht wird: Das System S' hat seinerseits **real** einen um einen entsprechenden Betrag langsameren Uhrengang.

Denn dann fällt S' über S das Urteil: Deine Uhren gehen zu langsam: auf Grund der im vorigen Paragraphen durchgeführten Fälschung des Eigenurteils durch die eigene Zeitnullpunktsdifferenz.

S über S' dasselbe Urteil: Deine Uhren gehen zu langsam: weil sie „wirklich" langsamer gehen.

(Der Betrag des wirklichen Langsamergehens ist natürlich nur die Hälfte von $1/_{16}$, also $1/_{32}$; wäre es $1/_{16}$, so würde das Falschurteil von S' über S, wie leicht einzusehen, kompensiert. So wird das Falschurteil ebenfalls gerade auf $1/_{32}$ herabgedrückt, in Zahlen je rund eine Minute auf eine halbe Stunde.)

Nun sofort wieder die Relativierung: Das Urteil selber ist von S' über S jetzt genau dasselbe wie von S über S', nur der subjektive Rechtsgrund unterscheidet sich; in anbetracht der vollen formellen Gleichwertigkeit haben wir aber objektiv kein Recht mehr, das eine System vor dem anderen zu bevorzugen — die Eigenschaft Z II, Geschwindigkeit des Zeitablaufes, ist relativiert.

§ 92. Die Relativierung der Raumeigenschaft R II.

Die Relativierung der Raumeigenschaft R II ergibt sich entsprechend: im Urteil von S' über S ist die Putativbehauptung enthalten: Deine Längenausdehnung in der Bewegungsrichtung ist im Verhältnis 1 zu 16 kontrahiert; es genügt, für S' eine **reale** Kontraktion im Verhältnis 1 zu 32 einzuführen, um, unter Herabdrücken der Putativkontraktion ebenfalls auf $1/_{32}$, zwischen S und S', auch in dieser letzten Beziehung volle Gleichwertigkeit herzustellen.

Jeder mißt mit seinem Maße, erklärt die des anderen für zu kurz, jeder hat Recht.

Die Annahme der **Lorentz-Kontraktion** geht darin auf; die **Lorentz-Kontraktion** ist ein integrierender Bestandteil der Raum- und Zeitfestsetzungen des Relativitätsprinzips. geworden.

D. Zusammenfassung.

§ 93.

Das ist, in seinen vier Bestandteilen, der gesamte formelle Inhalt des Relativitätsprinzips.

Fassen wir kurz zusammen:

Es gibt weder einen absoluten Raum noch eine absolute Zeit, sondern unendlich viele durchaus verschiedene, aber untereinander völlig gleichwertige Raum- und Zeitsysteme.

Die Träger dieser Standpunktsräume und -zeiten sind die Inertialsysteme.

Jedes Inertialsystem S kann seinen Raum und seine Zeit für den wahren Raum und die wahre Zeit halten, indem es erklärt:

R I ich ruhe (mein System hat Gleichortigkeit),

Z I meine Uhren gehen gleichzeitig,

R II ich habe allseitig die wahren Längenabmessungen,

Z II ich habe die richtige Zeitgeschwindigkeit,

es kann und es muß dann den Raum und die Zeit jedes anderen Systems S' für falsch halten, indem es erklärt,

R I du bewegst dich (hast keine Gleichortigkeit),

Z I du hast keine Gleichzeitigkeit,

R II du bist längs der Bewegungsrichtung verkürzt,

Z II deine Uhrgeschwindigkeit ist zu klein.

Aber das Urteil ist vollkommen umkehrbar; jedes der anderen Inertialsysteme S' kann für sich geltend machen

$$\left. \begin{array}{l} \text{R I} \\ \text{Z I} \\ \text{R II} \\ \text{Z II} \end{array} \right\} \text{als bei ihm, } S',$$

und kann und muß dann dem ersten, S, zuschreiben:

$$\left. \begin{array}{l} \text{R I} \\ \text{Z I} \\ \text{R II} \\ \text{Z II} \end{array} \right\} \text{als bei jenem, } S, \text{ falsch}$$

und zwar — das ist der Hauptpunkt — genau in demselben Betrage und Sinne falsch, in dem vorher S über S' das Urteil falsch gefällt hatte.

Es besteht allseitig volle zahlenmäßige und logische Gleichwertigkeit. Jeder Inertialbeobachter hat mit seiner raumzeitlichen Auffassung recht und kann und muß die aller anderen Systeme für falsch halten.

§ 94.

Daß sich wirklich mit diesen vier Relativierungen R I, Z I, R II, Z II der ganze formelle Gedanken- und Begriffskomplex lückenlos zu einem völlig einheitlichen Ganzen schließt, das zeigt dem Fachmann die mathematische Formulierung; wer das mechanische Modell selber vorgeführt sieht, ist in der Lage, das ebenfalls experimentell nachzukontrollieren, nur entziehen sich diese Experimente allerdings der beschreibenden Wiedergabe.

Uns selber in unserer Darstellung war ein vortreffliches Anzeichen für den lückenlosen Zusammenschluß das Aufgehen der Lorentz-Kontraktion in der neuen Theorie.

§ 95.

Soweit der grundstürzende neue raum-zeitliche Begriffskomplex unseres Relativitätsprinzips in seinem logisch-formellen Gefüge und Zusammenhang.

Ob dieses neue Relativitätsprinzip nun auch „materiell" stimmt, ob es wirklich das gesuchte Universalprinzip ist, das die ganzen außerordentlichen Schwierigkeiten der theoretischen Physik hebt und die ganze Natur einheitlich umfaßt und durchdringt — ob dieser große Wurf gelungen ist, das ist heute die große aktuelle Frage der modernen Physik.

Neunter Abschnitt.

Folgerungen. Schluß.

§ 96.

Materiell stimmt das Prinzip, wie die Herleitung ergibt, mit denjenigen Grundtatsachen der Optik überein, auf die es aufgebaut ist (Prinzip der konstanten Lichtgeschwindigkeit nebst physikalischen Folgerungen); es stimmt außerdem in ganz außerordentlich vielen Teilgebieten besonders der elektrischen Hälfte der Natur schlechthin überraschend.

Aber was es im ganzen fordert und behauptet, das ist außerordentlich viel mehr. Es gibt keinen noch so entlegenen Winkel der Physik, in den es nicht hineinleuchtet; und namentlich in der mechanischen Naturhälfte zieht es überall die Forderung nach sich, daß bei Verfeinerung der Messungen die bisher für richtig gehaltenen Naturgesetze sich nur als Annäherungen herausstellen sollten und durch neue, eben die vom Relativitätsprinzip bedingten, ersetzt werden müßten.

Wir haben bereits angedeutet, wie diese weitgehenden Forderungen zustande kommen: Bisher genügten die mechanischen Naturgesetze dem alten Relativitätsprinzip. Das neue Relativitätsprinzip ist anders; für die Erde ist es nicht viel anders, denn die Änderungen in den subjektiven Raum- und Zeitmessungen der Erde sind wegen ihrer relativ kleinen Geschwindigkeit, 30 km pro Sekunde, nicht sehr groß; aber es erhebt sich doch die Forderung, daß die Naturgesetze nun mit diesen neuen subjektiven Raum- und Zeitstellungen stimmen müssen, und deshalb müssen sie um Beträge von eben dieser Größenordnung anders sein.

Hierzu kommt, daß jeder auf der Erde wieder bewegte Körper wieder ein System ist und daher wieder entsprechenden Folgerungen unterliegt; das gleiche gilt für die Bewegungen der Himmelskörper.

§ 97. Einzelheiten.

Einigermaßen vollständig die Fülle der höchst überraschenden neuen Folgerungen und Forderungen ausmalen zu wollen, wäre schon im Hinblick auf die hervorgehobene Unabgeschlossenheit des theoretischen und experimentellen Materials unmöglich; einem tieferen Eindringen selbst in die verhältnismäßig einfachen Probleme steht überdies unser Vorhaben, mathematikfrei bleiben zu wollen, als unüberwindliches Hindernis im Wege.

Es muß daher genügen, einige wenige besonders charakteristische, grundlegende Einzelheiten anzudeuten.

Schon das Trägheitsgesetz erfährt Änderungen. Allerdings bleibt erhalten, daß der kräftefreie Körper sich geradlinig-gleichförmig bewegt; das ist ja auch die Grundlage der ganzen Inertialsystemtheorie. Aber die alte Mechanik machte außerdem noch stillschweigend eine uns allen von jeher in Fleisch und Blut übergegangene Grundvoraussetzung über den Zahlenwert der Trägheit: der Zahlenwert der Trägheit, die sogenannte „träge Masse", sollte durchaus unveränderlich sein, eine vollkommen feste innere Grundeigenschaft der Materie — diese anscheinend so völlig gesicherte, im innersten Wesen des Stoffes liegende Grundvoraussetzung gilt nach dem neuen Relativitätsprinzip nur angenähert: bewegt sich ein Körper, etwa auf der Erde, so nimmt seine Trägheit, von der Erde aus gemessen, nach Maßgabe seiner Geschwindigkeit um einen geringeren oder größeren Bruchteil zu; ja noch mehr, die Trägheit des bewegten Körpers wächst nach verschiedenen Richtungen verschieden, weniger stark senkrecht zur Bewegungsrichtung, am stärksten in der Bewegungsrichtung selber.

Eine weitere bekannte Grundannahme der bisherigen Mechanik war der Satz vom Geschwindigkeitsparallelogramm; im einfachsten Falle: Angenommen, man habe z. B. ein Gewehr, dessen Geschoß in der ersten Sekunde genau 400 m weit fliegt. Nun werde das Gewehr nicht vom festen Erdboden, sondern aus einem fahrenden Eisenbahnzuge (etwa von der Lokomotive aus) in der Fahrtrichtung, genau nach vorn hin, abgefeuert. Die Fahrtgeschwindigkeit betrage genau 25 m in der Sekunde. Dann erhält nach der alten Mechanik (vom Luftwiderstand hier und im folgenden wieder abgesehen) das Geschoß zu seinen 400 m die 25 m unvermindert hinzu; es überstreicht also auf der Erde genau einen Raum von 425 m in der Sekunde. Nach dem neuen Relativitätsprinzip ist das nicht exakt richtig; die „resultierende" Geschwindigkeit ist um einen ganz bestimmten Betrag kleiner. Bei der geringen Geschwindigkeit solcher irdischen Massenbewegungen ist der Betrag der Änderung natürlich wieder so klein, daß er sich den bisherigen Meßmethoden entzieht; handelt es sich aber um schnellere Bewegungen, so wächst er wieder nach Maßgabe der Geschwindigkeit.

Im engen Zusammenhang mit beiden Neuforderungen steht die folgende dritte: nach dem neuen Relativitätsprinzip ist es durchaus unmöglich, die Geschwindigkeit irgend welcher Bewegungen von Körpern und Ausbreitungen von Kräften ohne Ende immer mehr zu steigern; es gibt eine Grenze, über die hinaus keine körperliche und ebenso keine Energiegeschwindigkeit wachsen kann, mag man noch so viele und noch so starke Mittel anwenden, so viel und so lange man will. Und zwar ist diese Grenzgeschwindigkeit merkwürdigerweise dem Zahlenwerte nach dieselbe Geschwindigkeitsgröße, die überhaupt die eigentliche Grund- und Ausgangszahl des Relativitätsprinzips ist: nämlich die Fortpflanzungsgeschwindigkeit des Lichtes, 300 000 km in der Sekunde. Diese letzte Neuforderung ist zugleich der schlagendste äußere Beleg für den wirklich universellen Charakter des neuen Relativitätsprinzips als Grundgesetzes der gesamten Natur: gerade diejenige Zahl, die man bisher lediglich als elektrisch-optische Fundamentalziffer kannte, taucht jetzt plötzlich ebenfalls in der mechanischen Naturhälfte auf als mechanische Naturkonstante von gleicher fundamentaler Bedeutung.

In der Tat fällt, zugleich mit dem „Weltäther", die Scheidewand zwischen mechanischer und elektrischer Naturhälfte vollkommen.

Auf der elektrischen Seite selber nur ein einziger Beleg dafür, wie auch hier das Relativitätsprinzip eine Umwertung aller Werte bewirkt: Ein und derselbe elektrisch geladene Körper ist, wenn ihn das eine System S' messend verfolgt, von einem magnetischen Felde umgeben; für ein zweites, ihn gleichzeitig messend beobachtendes System S existiert das magnetische Feld nicht; auch der Begriff des magnetischen Feldes wird in einer ganz bestimmten Weise relativiert. — — —

§ 98.

Eine kleine Gruppe von Folgerungen verdient übrigens noch besondere Erwähnung.

Es gibt einige Neuforderungen, die man unmittelbar aus den neuen Aufstellungen für Raum und Zeit ablesen kann. Das muß so sein. Raum und Zeit sollen sich ändern: Wir nehmen Raum und Zeit nur wahr durch körperliche, materielle Erscheinungen und Vorgänge, speziell durch die direkten „Meßinstrumente"; folglich müssen sich alle Meßinstrumente und zugleich alles, was solchen gleichwertig ist, allesamt in entsprechender Weise bei Bewegung „ändern". Das heißt, von einem System betrachtet, müssen diese Änderungen des anderen zum Vorschein kommen.

Für den Laien sind solche unmittelbare Materialisierungen des neuen Raum- und Zeitsystems vielleicht die frappantesten der Neuforderungen. Die behaupteten gegenseitigen Änderungen der Meßinstrumente sind in der Darstellung selber schon überall benutzt worden; diese sollten allesamt von selber, als reine Folge der gegenseitigen Bewegung, zustande kommen. Aber es gehört dazu ein Heer von äquivalenten Vorgängen. Jede periodische Bewegung irgend eines großen oder kleinen Teiles, von den Bewegungen der Gestirne bis hinunter zu den Rotationen der Elektronen im Atom, ist eine Uhr; jeder Körper ersetzt einen Maßstab. Alle periodischen Vorgänge ändern, wenn man die ganze Welt von irgend einem beliebigen System aus betrachtet, ihre Drehgeschwindigkeit je nach dem System, dem sie angehören: die physikalische Unterlage der Begriffe Farbe, Tonhöhe usw. wird relativiert; alle Körper ändern ihre Größe, je nach dem System, in dem sie sich bewegen: der Begriff der körperlichen Größe wird relativiert; schließlich unter Berücksichtigung der Ungleichmäßigkeit dieser Größenausdehnung in den verschiedenen Richtungen (Bewegungsrichtung!), sowie im Hinblick auf eine Folgerung aus Z I: jeder rotierende Körper ist mehr oder weniger ausgedehnt, im bewegten System bleibt der Vorderteil (als Vorderuhr) in der Rotation zurück — auch der Begriff der körperlichen Form wird relativiert.

§ 99. „ le Welt."

Was die formelle Gleichwertigkeit der Inertialraumzeitsysteme für Raum und Zeit selber, die untersten Grundbestandteile unserer Wirklichkeit, rein formell forderte, ergänzt so die inhaltliche Prüfung für die ganze gegenständliche Wirklichkeit selber: Mit dem Raume und der Zeit wird das ganze Weltbild relativiert. „Die Welt" hört auf zu existieren, es gibt nur mehr unendlich viele verschiedene, gleichberechtigte „Standpunktswelten" oder „-weltbilder".

Selbstverständlich ist dieses Relativieren der Welt himmelweit entfernt von Auflösen in völlige Willkür. Denn alle die unendlich vielen gleichberechtigten Standpunktsräume, -zeiten und -welten sind verbunden, wie jede einzelne der obigen Relativitätsbetrachtungen unverkennbar gezeigt hat, durch gemeinsames Gesetz.

Der Mathematiker kann, in der abstrakten Sprache seiner Begriffe, auch das noch zu einem unmittelbaren Ausdruck bringen; er faßt die Zeit, in einer eigentümlichen rechnerischen Verbindung, als „vierte Dimension" auf und schließt dadurch die unendlich